\\\\\\\\\\\\\\\\\\\\\\\\\\\

Hope Never Dies

By Domingo Orozco

ISBN-13:
978-1530808908

ISBN-10:
1530808901

Dedication

I wrote this memoir to give readers a first-hand account showing how you can achieve anything you choose with hard work and determination. I came to this country as a young, penniless immigrant and with perseverance and a little bit of luck, became a successful entrepreneur. I encourage individuals to not give up hope, and with hard work and effort, they can also achieve the American dream.

Prologue

Both of my parents were born in Rancho Guatimosi, now known as Rancho Los Guapos in the state of Zacatecas, Mexico. My father Exiquio Orozco was born in 1907 and my mother, Ausencia Pinedo, was born in 1913. At the age of six, Ausencia experienced first-hand the tragic effects of the Mexican Revolution when her father, Tiburcio, was interrogated and tortured by revolutionaries who were in search of the local priest. In addition, the revolutionaries burned Tiburcio's granaries and stole his cattle. The revolutionaries cruelly executed Tiburcio when he did not provide information about the priest's whereabouts. After the murder of her father, Ausencia was left with her mother, Maria de Jesus Para la Fox and her brother, Apolinar. They suffered from hunger and poverty.

At the age of 16, Ausencia married Exiquio, who was a farmer by trade and on the side, made lassos out of maguey for a small extra income. During the first year of their marriage, Exiquio had a successful crop season consisting of corn, peanuts and tobacco. As a result, Exiquio was able to purchase a house and two and a half acres. Furthermore, Exiquio was able to purchase oxen, some cows and a horse. A year into their marriage, Ausencia and Exiquio had their first child, Maria Dolores. Fifteen months after the birth of their daughter, Exiquio left for the United States to work for the American Railroad. Ausencia was six months pregnant at the time of Exiquio's departure and was left to care for the farm. For years, Exiquio continued to travel back and forth between the U.S. and Mexico to work on the railroad. He would leave Ausencia behind to tend the farm along with their growing family.

In 1945, while Exiquio was working on the railroad in Wisconsin, the U.S army recruited him to fight in World War II. Upon arriving in Germany, he was injured. Fortunately, the war ended a few months later and he returned back to the U.S.

Due to his time in the service, the U.S. Government granted Exiquio an American Visa with no expiration date and also gave him $3,000 compensation. Upon returning to Mexico, Exiquio dedicated himself to the ranch. The ranch continued to grow and so did the family. Ausencia and Exiquio ended up having 10 children, three daughters and seven sons. I was born in 1957, making me the youngest in the family.

Chapter One

My parents worked hard to provide for
their large family. Dad worked out in
the fields along with my older siblings
as well as some hired hands. My
mother milked the dairy cows that my
family owned plus prepared three
meals a day for the family and the field
employees. The ranch did not have
running water and my mother had to
walk half a kilometer to fetch drinking
water. My father decided to build a well
on the farm. This project cost
20,000.00 pesos, and despite the
money earned in the U.S. and
successful crop seasons, my father still
needed to borrow 5,000.00 pesos to
help pay for the construction of the
well. Even though my father had good
credit, the interest rate was high, and
before long the debt doubled.

I began school at the age of four in
1961. I was an inquisitive child who
asked a lot of questions, and at a
young age, I became aware of my
family's financial troubles. I was very
worried that my father would not be
able to pay off his debts. My childhood
dream was to become a lawyer so that I
could earn lots of money and pay off
my father's debts.

In 1965, my father had a terrible
mishap while drawing water from the
well. He was carrying his American
visa in his shirt pocket and it fell into
the well. The water was more than 20
meters deep. My father and some
neighbors spent several days draining
all the water out of the well, and then
one of the neighbors was lowered to the
bottom of the well to retrieve the visa.
The document was found; however, it
was completely destroyed. My father
was devastated; not only did my father
not have his visa, but now the family
also did not have drinking water.

A terrible drought occurred in 1966.
Many of my family's cattle, pigs, and
chickens died. It was a difficult year for
my family. At the end of the year, my
dad's sister, Cuca, came to visit. Cuca
lived in Sacramento, California and
promised to help my father. She
arranged a work visa for dad and he
left again for the U.S. My older brother
Tiburcio also left the ranch in search of
work in Los Angeles.

Drought

Aunt Cuca

My father returned back after a year in the U.S. The farm was beginning to recover from the drought, particularly the livestock, but the crop season was not successful. Father earned about $1,800 during his year away in the U.S. However, it was not enough money to maintain the farm, so my father borrowed money from some private lenders.

In 1968, I entered my first year of junior high school at a private Catholic school. I enrolled in a children's theater where I studied singing and acting. We had weekly performances and I enjoyed the limelight.

At the end of my first year of junior high, I made the difficult decision to quit school. I learned that my father owed more than 50,000 pesos and that the interest increased significantly per month, and on top of that, he had to pay the tuition for the private school I attended.

Tony Orozco school picture

My family had a general store located in Rancho Los Guapos. My mother decided to put me in charge of the store because I was very good at math and she felt that I was more adept at managing a store compared to working in fields. The store earned profits of at least 700 pesos a month in the first few months after I took charge. The business was doubling and my parents were very proud of my work.

Profits at the store took a dive when another drought hit. Customers began purchasing on credit from the store. I was very generous and gave credit to customers who I knew would not be able to pay off their tabs. The store began losing money. I decided to borrow money from a local business owner in order to supply the store. Behind my father's back, I forged a letter and borrowed 3,000 pesos in my father's name. The money I borrowed did not decrease the mounting debt at the store. Customers began shopping at other stores and the store was losing money. The financial struggles with the store drove me into a deep depression and I began to smoke, drink, and play cards.

The first loan payment was due in January 1974. It was harvest time, and therefore, my father was very busy. In the middle of everything, a telegram arrived for my brother, Artemio, offering him work in the U.S. Because my dad was so occupied with the harvest, he decided to have me accompany Artemio to Tijuana where he would cross over to the U.S. I quickly agreed to accompany my brother to Tijuana. I wanted to escape my debt problems and I figured I could cross into the U.S. with Artemio so that I could find a job to pay off the debt I owed in my father's name.

Artemio and I crossed the border into the U.S. on January 2, 1974. We arrived in Los Angeles and stayed at an apartment with our older brothers, Tiburcio and Max. Artemio began work at Hacienda Galván in Pacific Palisades on January 4, 1974. My brothers intended for me to go to school, but I had other plans.

Chapter Two

I secretly began working instead of going to school so that I could pay off my debts in Mexico. A man named Miguel Leyva gave me work cleaning rooms. He was the manager of Los Coloniales, an apartment complex in West Los Angeles.

One day while I was doing some work around the grounds of the apartment complex, two men approached me and asked if I was interested in going to work with them at a car wash. The men looked like they were six feet tall and weighed 250 pounds. One of the men explained to me that he and his brother could use the help of a small fellow like me who would be more adept to clean the back windows and seats of vehicles since they struggled to clean these areas due to their size. I figured I had nothing to lose so I accepted the offer and accompanied the two men to the car wash.

After walking 45 minutes we finally arrived at the car wash. The two men told me that I needed to speak with the lady who owned the car wash and inform her that I was willing to work without pay because they would share their tips with me. I worked up the nerve and I used the little English I knew to ask the owner for a job.

The first question out of the owner's mouth was "How old are you?"

I told her, "Fifteen."

She asked, "Why aren't you in school?"

I hesitated, as I did not know what to say. She then explained, "You know that if I speak to the police, you're going to get in trouble?"

I told her, "Please, don't do it. Let me finish working today and then I won't ever come back."

The owner told me, "Okay, but tomorrow don't come back."

I was five feet, four inches and weighed 120 pounds. All the employees who drove the cars through wash were African-American, over six feet tall and I was quite intimidated. I had never seen an African-American person before in my life. Unfortunately, after working only a half an hour, several police officers arrived to have their cars washed. When I saw them, I told one of my colleagues, "I'm going to use the bathroom." I didn't come out of the bathroom until the police officers left.

While I was cleaning a fancy car, the owner approached me and said, "You look very young. Why are you working?"

I told him, "I need the money."

He gave me some money and as I went to put it in the shared tip jar, the customer said. "That money is for you. Who is in charge here?"

I said, "The guy who drove your car out of the car wash."

The customer then approached the shift manager and told him that he had given me a tip directly because I had cleaned the glass of his car very well and that money was only for me.

After a very long and hot day, I earned $12.00 in tips. I was very pleased, but also sad, because the owner had told me that I could not return to work. I thanked the two guys who invited me to work with them and explained to them that the owner did not want me to return.

The two men said, "That's too bad, because you were a big help to us today."

The next day, I woke up to a knock on the door. To my surprise, it was the manager of the apartment complex. He said, "Outside, there is a very elegant lady with a black car who says that a boy helped her in her business yesterday and she wants to speak to him. Are you the boy that she is looking for?"

I got very scared and said, "No. Not me."

The lady was now standing near the door and insisted, "Please, the men who asked him to come to work assured me that he lives here."

I stepped out and spoke with the lady who said, "I am bringing you your money for one day's pay."

She said, "All the employees are asking for you. I am willing to hire you if you are interested."

I was reluctant to accept the job because the day before she said that I could get in trouble for not being in school. I said, "Thanks a lot, but I don't want to take a chance."

The lady lowered her head and said, "Okay."

My brother Tiburcio arrived while I was speaking with the lady and said, "Why are you talking with this lady? Did you do something bad?"

I told him, "No, nothing. I just went to work at her car wash yesterday without your permission."

He said, "I knew from the money you were carrying that you weren't going to school."

I answered, "You're right."

My brother Tiburcio was straight-forward. He chastised me and told me, "If you want to work, then go to work."

He talked with Max and asked him to find me work. Max replied, "I am sure that I can find him work, but he's still a little kid. I don't know who will hire him."

Tiburcio answered, "Yes, but if he

leaves the apartment and he goes out looking for work on his own, someone could take advantage of him and I don't want something bad to happen to him."

Tony Orozco's Diploma

Chapter Three

Artemio and Max were working for the Hacienda Galván, which was owned and operated by the Galván family. The family owned a chain of five restaurants and was about to open a sixth restaurant and so they hired me.

The Galváns were good people. They were very devoted Catholics and helped the church frequently. The majority of their children went to a Catholic school in Santa Monica. In the beginning I just knew the two Galván brothers, Lupe and Martin. I didn't understand why they were so nice to me and had such confidence in me. They put me in charge of the cash register since I had informed them of my experience running the store in Mexico.

The restaurant where I worked was located in Pacific Palisades, which was a beautiful and affluent area. My pay was $60 a week, but that included everything. I ate and slept in the restaurant. Within a couple of months, I had earned enough money to pay off the debt in Mexico that I incurred in my father's name. I sent the money to my parents who were very thankful.

I learned my work very well, thanks to the help of my co-workers. I really enjoyed working with Diana. Diana was very pretty and kind. We became good friends and I taught her Spanish while she taught me English. For some reason, Diana really took a liking to me. Diana frequently defended me when my co-workers would tease me.

Diana had a boyfriend and was engaged to be married. One day she showed up at my work and said she wanted to talk. I understood very little of what she was saying. Then Carlos, the shift manager, noticed that we were chatting and told me, "Get to work. Why aren't you working?"

Diana said, "It's my fault. I want to tell him something but he doesn't understand me."

Carlos said, "What's so important?"

Diana turned to me and said, "I'm getting married and we are going to live in San Diego, so I will never see you again. I'm going to have a baby and I would like to name the child after you, but I don't believe the name Domingo would fit my son because he will be an American. So let's give you a nickname."

Carlos overheard and said, "That is a good idea because we're always wasting time explaining his name to the customers."

Carlos was right; I did have difficulties explaining to the customers what my name, Domingo, meant in English. At the time, I did not know that my name in English meant *Dominic*.

Carlos exclaimed, "Okay, your new name is 'Tony.' It's a very popular name and so now you aren't going to waste time explaining your name to customers. So, when customers ask you what your name is, you'll tell them, 'Tony.'"

Diana said, "I like it! That will be my son's name."

Diana then gave me warm, friendly hug and wept; and I also shed a couple of tears. Diana then exclaimed, "Here comes my boyfriend and he has a gift for you."

Her boyfriend showed up and told me, "Take this present you lucky guy. It's from Diana." The gift consisted of two records, Melissa Manchester's *Midnight Blues* and Roberta Flack's *Killing Me Softly.*

After Diana moved away to San Diego, I became very depressed. I missed Diana, but I also felt homesick and missed my mother. I had just turned 16 years old and began drinking regularly.

At only sixteen years of age, I started taking on more responsibilities at Hacienda Galván. Lupe taught me how to do catering service. I helped set up the equipment and served the food. We provided catering service at the homes of many popular artists and movie stars of the time. On one occasion, we catered at Ronald Reagan's house before he became President.

In the summer of 1974, Lupe approached me one day and said, "Carlos, the manager is not working with us anymore. I am going to Kentucky to check out a cattle ranch and I want to put you in charge of running the business."

I replied, "I am honored, but I feel like there is still a lot for me to learn about the business."

Lupe answered me, "There's no hurry. I'm not leaving until Monday."

Lupe said that so casually that I thought it was a joke. It was already Friday morning. In other words, I had two days to learn the business. I felt scared and overwhelmed about having so little time to learn everything. Lupe assuaged my fears by saying, "You're very intelligent and everything's going to be all right."

His confidence in me made me feel better and we went to the bank so that Lupe could add my name to his bank account. When we arrived at the bank, the banker asked, "How can I help you, Lupe?"

Lupe responded, "I came to add this young man to my bank account. He will be managing the deposits for the next few weeks."

The banker asked, "Is he your son?"

He answered, "He is not a family member. He is one of my employees"

The banker was very surprised that Lupe trusted such a young man with his business. Lupe talked about me with such strong confidence, which satisfied any concerns the banker had about me. In the end it was the banker who showed me how to fill out the forms for deposits, etc. The banker turns to Lupe and tells him, "Lupe, I think that he is ready."

Lupe was gone for two months and when he returned he announced that he had bought a cattle ranch in Lexington, Kentucky. In the autumn of 1974, the Galván brothers expanded their business and opened up another restaurant, this time in Marina del Rey. The business was a success and the Galván brothers needed to hire additional employees. I recruited some guys from my hometown in Mexico to come up and work for the Galván brothers. I feel like I helped open the doors of opportunity to young people from my hometown, including my childhood friend, Carlos Pacheco.

Chapter Four

My brother Max and I transferred over to the Hacienda Galván Restaurant in Marina del Rey. The change was very drastic and difficult for me. The hours were grueling since I worked 12 to 14 hours a day, six days a week. To me, it was starting to feel like a prison and I began to drink a lot more. The silver lining was that my friend Carlos also worked at the Hacienda Galván.

Carlos and I both had Mondays off, so every Sunday night we would throw a big party. After a night of partying, I typically slept-in late on Mondays and then Carlos and I would have lunch at our favorite restaurant, El Talpa. We would then spend the day at Los Coloniales Apartments where many Latinos lived. There was everything there; drinking, playing cards, and even women. My brother, Tiburcio, lived there and always told us, "Don't get mixed up with the prostitutes. They are trouble." So we didn't dare get involved with the women. Still, there were some very attractive girls our age and my friends and I always had enough money. The girls only charged $5.00, but the temptation never overcame us.

One Monday, Carlos was not able to get the day off. So I agreed to meet him after work at the restaurant. While I waited for Carlos to get off work, I walked over to a park near the restaurant where Carlos worked.

I noticed that a group of men and women were playing softball. I sat down on a bench to watch the game. A woman approached me and said, "We only have eight players on our team. We need you. Will you help us?"

I said, "I don't have a baseball glove."

She said, "No problem. I have an extra one."

I went straight to the baseball field and I was really nervous. It was the first time that I had played in an organized sport. In the top of the 7th inning with a two to one lead and two outs, the batter hit the ball in a line straight toward me. It went over my head. I ran toward the wall. I grabbed the ball and threw it towards home. The throw was so perfect that the catcher was waiting with the ball in his glove. Everyone was in awe by my throw, as it was the third out. When I got to the diamond everyone hugged me and said, "You have a tremendous arm."

On that day, I got three hits and was on base each time. Everyone applauded and cheered me. I had never felt like that. I had butterflies in my stomach. It was incredible and at that moment I discovered I had a passion for baseball.

After that day, Carlos and some other boys and I began to practice baseball on all our days off. I was stout, five feet four inches tall. Carlos was a good batter. He always beat me at batting, but he didn't like playing defense and many times, after batting, he didn't want to play and I would get frustrated with him because I wanted to play. However, we still continued to practice on our days off. I had become a devout fan of baseball.

Chapter Five

One Monday, while Carlos was working, I went to my brother Tiburcio's apartment. He was working and there wasn't anyone home, but he had given me a key so that I could visit whenever I pleased. I had a terrible hangover that particular morning, so I brewed a pot of coffee. I was drinking the coffee when someone knocked on the door of the apartment. I looked out the window and I saw two people, a tall, pale, pretty woman who appeared to look about my age and a black man.

I opened the door and the girl came in alone and bluntly asked me in Spanish "Do you want sex? I only charge five dollars."

I had already suspected that she was a prostitute. She appeared to be very doped up. I saw that she was very desperate and I said to her in English, "Sit down and have a cup of coffee."

She said, "I can't. My companion is waiting for me outside and he is going to ask me for the money. Please, take me and pay me, because if you don't it's going to go very badly for me."

She showed me a big bruise on her back. I locked the door and said to her, "Why are you doing this?"

She told me, "For the money and because they make me."

I told her, "Look. I am going to give you $15, but I am not going to touch you."

She said, "I don't understand. Why would you give me money for not doing anything?"

I said to her, "Drink a cup of coffee and then leave."

She asked my name and I told her, "I'm Tony."

She said, "How good you are. Thank you," and added, "You don't like me or you don't like women?"

I said, "You are very pretty, but I don't want to get involved."

Then she told me, "You didn't ask my name. I'm Janey."

I told her, "Nice to meet you, but you should leave now because that man is waiting for you."

She told me, "Thanks a lot." She hugged me and left.

Two weeks later when I came by to visit Tiburcio, one of the men in his apartment complex told me, "A man came looking for you twice and insisted that I give him your address and because I knew that you were living in the restaurant, I told him that you worked at the Hacienda Galván in Marina del Rey."

I thought, "Who would that be?"

About a week later I was working and my boss, Ramón Galván, informed me that there were some customers who were asking for me.

I thought, "Who could they be?"

When I was free, I left the kitchen and I asked my boss, "Which table are the people sitting in who want to talk to me?"

He said, "They are at table two."

I walked toward the table and when I got there I was surprised. It was Janey with two people who appeared to be

her parents. I got scared and wanted to
go back to work, but the man stood up
and said to me, "Don't be scared. My
name is Jordan and this is my wife,
Amanda. I want to thank you for what
you did for my daughter Janey that
day. I was following her when she went
into your apartment. I called the police
and because my daughter spent a long
time in your apartment the police had
time to get there and apprehended the
guy who was accompanying her. He
had been arrested before and they
caught him with drugs in his
possession. As for my daughter, they
only found $15.00 and she said that
you gave it to her and that you didn't
touch her. She's a minor and they
didn't arrest her, but she has to go to
court. They expect the man to be in jail
for many years."

I told him, "Mister, I swear to you that I
didn't do anything."

He told me, "I believe you and I am
very grateful for everything that you
did."

His wife hugged me and kissed me on
the forehead and told me, "Please take
back your money that you gave to my
daughter."

I said, "No. I gave it to her."

She said, "Please take it." The money she handed me was not $15.00, but rather $100.00.

I told her, "I only gave her $15.00."

She said, "What you did for my daughter was priceless."

I told her, "Thank you," and I went back to work.

At the end of the night, I told my co-workers, "Now the beer is on me."

But my boss showed up at that moment and told me, "Tony, that gentleman chatted with me about what happened and he was very grateful. He told me to take good care of you and he gave me his business card. He's a doctor and lives in Bel Air. He's a very rich person and he loved the food and left a big tip. So, drinks are on the house."

That night I understood a lot of things that were outside my power, that only God makes possible. Janey's parents ended up being very good customers and when they came to supper they always asked for me. My boss was very happy that these people were such good customers and he told me, "Someday I will reward you." (And he did. See page 56.)

I thought, "Ok."

Chapter Six

I knew that in order for one to be successful in this county, one needed to learn English well and also learn about the American culture. I already knew quite a bit of English, but not everything. I converted into a big fan of Baseball! I loved to listen to the voice of The Dodgers, Vin Scully. He was my best teacher. He narrated so clearly and so informatively. For me, he wasn't just the voice of Los Angeles, but the voice of baseball. He gave out information about all the players; where they were from, how tall they were, their nationality, what they liked to do and much more. So I knew all those things because of him. He was a great teacher for me and the best reporter. Besides listening to Vin Scully, I learned English by practicing it at work and listening to music, and by using my dictionary.

My brothers, Artemio and Max, and I began to put money in an account. After three months we saved $2,500. We sent it to my father. He had a large crop and sold fifteen bulls and paid all his debts. Then, he bought a tractor. Now he didn't need mules or horses so he sold them. Then, my brother

Tiburcio bought a Chevrolet pickup truck in good condition. After all that the ranch made a lot of progress. Now my father didn't owe anything; even better, other people owed him.

New Tractor

We kept on working and saving. I got my driver's license on my 18th birthday, and the next day we bought a new car. We paid half the price as a down payment. So, the payments were only $125.00 with everything. Sure we could have paid it off, but my boss, Ramón, told me, "Buy it on credit and then pay it off quickly. Then, you will establish good credit."

After six months my car was paid off.

So, we had a new car and everything was going well, but I felt unhappy about how much I worked. I worked 78 hours a week and I felt I like a prisoner.

One day, my friends José and Joaquín and I went to the park to play baseball. A man approached asked us and asked, "Do you know three men who need work?"

Since I was the only one who could speak English I asked him, "What kind of work?"

He asked me, "Do you have a driver's license?"

I told him, "Of course."

He said, "Good. You would be the pickup driver and you would take two workers and drive to a desert in Riverside and pick cactus. I have a person who is going to teach you the ropes. Do you want to begin tomorrow? Here is my business card with the address."

I told him, "We're in!"

My two friends told me, "Let's do it!"

I asked him, "What time do we begin?"

He said, "At 4:00 a.m."

I said, "Good. We'll be there."

After we left the park I went to my job at the Marina del Rey restaurant to tell my boss. I said, "I hope you'll forgive me, but I'm not going to work anymore in the restaurant."

He said, "Are you sure?"

I told him, "Yes. The thing is that I want to change jobs."

He asked me, "Why is that?"

I said, "There is a big opportunity for me to move on."

I gave him the business card and he called up and verified the information and said, "Well, it's a good opportunity. I hope it goes well with you."

I went to the kitchen to tell my brothers Artemio and Max. They were disappointed with me, but I had already made my decision and I picked up my things and left.

Chapter Seven

The next day, José, Joaquín and I
drove more than two hours until
arriving at the desert near Palm
Springs. It was 6:30 a.m. and the
temperature was about 100 degrees.
We worked until 10:00 a.m. when the
temperature was about 115 degrees. It
was hot as hell.

At the end of our shift, our new boss
was very happy to see us and fed us,
"Well, done. Did you learn the ropes?

I told him, "No, but I can learn it with
one more day."

He said, "Very good."

Then, he paid us in cash. He paid José
and Joaquín $50 apiece and paid me
$70.00 and told me, "I'm paying you
more because you are the driver."

I said, "Thanks."

After work, I went to see my brothers
and talked about everything with them.
They weren't angry any more, only
worried. Max liked to joke and when I
made a comment about what they paid

me, he said, "Why so much, then? I hope what you're picking is legal.

I told him, "Yes, it's desert cactus and the job is very dangerous. The temperature can get up to 120 degrees and there are rattlesnakes and dangerous spiders, and that's why it pays so well.

He said, "Good luck with that."

I went home and when I got there, the guys said, "Let's celebrate!"

We went to Santa Monica beach where we drank and ate. Afterwards, we went home. We got home at one in the morning and I told them, "Let's just stay up."

José said, "No, we have to sleep. My alarm is set to wake us up at 3:30 a.m.

I said, "OK."

We went to sleep, but José didn't set the alarm right and it didn't go off and I woke up at 5:30 AM. I started yelling, "Everyone get up. We're late. What a shame. I've never been late to work, and now we are almost two hours late. Let's go!"

They said, "We're not going."

I told them, "I certainly am going."

They told me, "Alright, let's go.

We were on the freeway heading to the work site. We only had a mile to go, but at that moment an unmarked car stopped us. We pulled over and to our surprise it an immigration officer. I just realized that I wasn't carrying my wallet with my ID and I told the officer, "I forgot my wallet."

He answered, "That's what they all say."

He handcuffed me and then the others. One of my friends said, "Don't take Tony. He speaks English."

The officer told him, "That doesn't matter."

He took us to the Thousand Palms office and then transported us to El Centro, California. That same day about 2:00 PM they dumped us off in Mexicali, México. It was terrible. I didn't have my wallet or any money. José said that he had $15.00 and

Joaquín had $10.00. I was really thirsty and knocked on the door of a house. I asked for a drink of water and the lady insulted me and ran me off.

I told José, "Lend me $5.00."

He said, "First we are going to go buy the bus tickets and see how much they cost."

We went to the bus station. The tickets cost $8.00 each to Tijuana and after that we only had one dollar left. We left for Tijuana. We didn't eat the whole day and we were dying of thirst. Luckily, there was a boy my age traveling on the bus with us. We began to chat and I told him what happened to us and he gave me $5.

On the first stop on the trip in the town of La Rumorosa we got out of the bus and I bought pop for José and Joaquín. Although we hadn't eaten, we felt better. The drinks cost $1.20 for the three of us. Then, we bought three apples and I saved the rest of the money to make a phone call. We got to Tijuana about 9:00 p.m.

I called my brother Max who was working at Hacienda Galván. I didn't call collect so the call went right through. Unluckily, my ex-boss answered the phone. That was really embarrassing! I didn't say anything to him. I just asked for Max. Soon, Max answered and I told him that I was in Tijuana without any money or identification. He asked me, "Where are you going to sleep?"

I told him, "On the street."

He said, "Oh, no. That's very dangerous. Tonight pretend like you're going to buy a ticket to travel and sleep in the bus terminal."

It was a very good idea, and he told me, "Call me in the morning to let me know how it went."

That night we slept in the Tijuana Central Bus Station. They next day I called about 7:00 a.m. and Max answered and asked me, "How are you?"

I told him, "Tired and really hungry."

He said, "Now do you see, brother. You shouldn't have quit your job at Hacienda Galvan."

I told him, "Yes, but for now there is nothing more to do. Please help me and I will pay you back."

He answered, "Yes. I've got everything ready now. Tomorrow afternoon your cousin, Manuel is going to leave for Tijuana and bring your wallet and clean clothes."

I had on a pair of yellow overalls, so I was very conspicuous. I couldn't hide from anyone. So the Tijuana Police had me in their sight and I couldn't let them question me. We couldn't sleep in the bus station that night. My friends left that day. I was there all alone.

I found myself with some boys and one of them said to me, "I saw that you were trying to cross the border yesterday."

I told him, "I'm waiting for someone from Los Angeles."

He asked me, "Is he going to give you some money?"

I said, "No. He's just bringing me clothes and some things."

We were talking, when suddenly three

guys showed up. Two took out knives and the other took out a pistol and they told us, "Go over there."

We started to walk towards the North until we arrived at the border of the United States and then they said, "Look at those drain pipes. If you want to cross to the United States, you can stand over there. We are going to search you and we're going to take whatever you are carrying."

I told them, "Pardon me, but I'm not even carrying a wallet."

He told me, "You're lucky. You seem to be honest so get into that pipe and cross."

I quickly got inside and began to crawl on my knees. It smelled of sewage and there were rats, but because it was dark I couldn't see anything. I only heard the noise of the rats. I didn't know what happened with the other guys, but I heard some shots. I tried to go quickly, but the tube was very narrow. I felt like I was going to die. I couldn't breathe and I couldn't see anything. Suddenly, I saw a flashlight from the American side, and a voice said in English. "Get out of there now."

He had a flashlight in one hand and a
pistol in the other. I told him, "Please
don't shoot!"

He said, "Get moving."

I told him, "I can't. I can hardly fit in
this tube."

He told me, "Come out. Don't go back."

I told him, "No. I promise you."

It was hard, but when I finally got out
out he asked me, "Where are the rest?"

I told him, "I'm alone."

He said, "I don't believe you," and
punched me.

He asked me, "Are you the coyote?"

I said, "No, officer. I'm by myself."

I talked with him about what happened
and he said, "You were lucky. The
others are probably dead or wounded."

I told him, "Thanks for believing me."

He said, "You seem honest." Then the

sun came up and about 6:00 a.m. he deported me back to Tijuana. I was very hungry and thirsty but I didn't have any money. For the past three days, I had very little to eat and I was feeling very weak. I was walking around so filthy that no one wanted to help me. I smelled of sewage and no one wanted to come near me.

There was a tire store with a lot of used tires and I hid there until 4:30 p.m., because Max had told me that about 5:00 p.m. my cousin would be bringing me clothes and my wallet.

At 5:15 p.m., I saw my cousin arrive and he knew that I was wearing loud colored overalls. It was difficult not to see me. He had two boys with him and they began to shout at me.

When the car stopped, I was so happy that I began to cry. Then, he took me to eat and then we went to the cheapest hotel. The Hotel Imperial only charged $3.00 an hour or $15 a day, but I only needed a bath. We only paid $3.00. Afterwards, we crossed the border without any problems. I was very tired when I got home and I slept for many hours.

Chapter Eight

After I settled back in Los Angeles, I went to look for work at an American restaurant named Tiny Neilors and they gave me a job as a dish washer, but I ran into a cook who didn't like me. He asked me, "Do you speak English?"

I answered, "Of course."

I sensed that the cook didn't like me. I only worked three hours a day, 18 hours a week, which wasn't enough, but I got by.

After three months, Martin Galván told Max, "It's time now for Tony to come back to work for me. I've got a job in the Santa Monica store and I think he's going to be interested.

Max asked him, "When does he start?"

Martin said, "Tomorrow."

When I saw Max, he told me, "There's a job for you."

I asked him, "Where and when?"

He told me, "Tomorrow in Santa

Monica with Martin Galván."

I said, "Thanks a lot."

The next day, I started the new job. It was the same thing I did in Palisades and it was really easy. Everything was going well until one Friday evening in October of 1976. I went out with two friends to a dive where a group of mariachis were playing. I was only 18 years old, but the dive's staff never carded me.

We left the bar after listening to a few songs and having a few beers. As I was driving home, traveling at the speed limit, a man on a motorcycle ran a red light and struck my car. I quickly braked, but I couldn't stop on time. I got really scared and I stopped the car and I asked, "Are you okay?"

The man said, "Yes, I'm alright. Pardon me. It was my fault."

I got scared because I was driving drunk and I told my friends, "Get out of the car and run."

My friends bolted from the scene. I was scared and did not know what to do, so I ran from the scene as well. I immediately went to see my brothers, Max and Artemio. I explained to my brothers what happened and Max said, "In the beginning you didn't commit a crime, but when you ran away... that's against the law."

I retorted, "But I asked the man if he was okay and he told me, 'Yes, I'm fine. He admitted it was his fault.'"

Max said, "Yes, but you ran away from the scene and that's against the law. Take this money and get out of the country."

I grabbed the money and I headed back to Mexico.

Chapter Nine

I arrived in Tijuana at 4:00 a.m. and rented a hotel room. Once I was settled in the room, I called Max. After a few rings, Max answered the phone and asked, "Where are you?"

I told him, "I'm in Tijuana. How is everything there?"

He said, "Everything's okay here. No one went to the hospital because of the accident. Don't worry, your friend Juan is going to drive down to Tijuana and drop off some of your belongings. You should travel back to our hometown and visit our mother, since you haven't seen her in three years."

The next day, my friend, Juan arrived in Tijuana delivered some of my belongings and $300.00 that Artemio and Max sent me. He dropped me off at the airport and I bought a one-way ticket. The airline only had one ticket remaining to Guadalajara leaving that day, which was first class. It cost $80.00. I flew to Guadalajara and from there I took the bus to Tlaltenango. Everything happened so fast and seemed so strange, but I was really happy that I was traveling to see my mother, who I adored.

I arrived in Tlaltenango at 7:00 p.m. where my sister Carmen lived. She gave me a warm welcome and told me, "Mom and dad left two hours ago for the ranch. They live alone on the ranch and I am living in Tlaltenango because I work here in the town."

I told my sister, "I am going to take a taxi and head to the ranch right now. I'm dying to see mom."

When the taxi driver arrived to pick me up, I thought, this is very coincidental; the driver is the same driver who picked me up from the ranch four years ago and dropped me off at the bus station in Tlaltenango. I asked him, "Do you remember me?"

He said to me, "Of course. You are the boy who left for the U.S. four years ago."

I said, "You have a good memory."

He told me, "Some things never change."

We got to the ranch at 9:30 p.m. and I

was very anxious to see my mom, but also anxious to see Duque, my beloved dog from childhood.

When I arrived at the house, my parents were already asleep. I knocked on the door of the hallway and my dad opened the door and was surprised to see me. He said, "I didn't know you were coming home."

I chatted with my dad for a moment and then said, "I want to see Mom. How is she?"

Dad replied, "She's fine, but you know that she suffers from high blood pressure and doesn't like surprises. Dad then asked me, "Do you have anything to drink with you?"

I told him, "There weren't any open liquor stores."

Dad grumbled and said, "Next time don't visit unannounced without any alcohol."

In the middle of our conversation, my dear mother woke up and said, "Who is here?"

Mom got out of bed and when she saw

me, she gave me a hug and began to cry. "My ungrateful boy, now you have come back. Do you know how much I cried after you left me?"

Soon we were both in tears. Mom then prepared me a meal consisting of tostadas with refried beans, red salsa made with tomatillo and fresh cheese. It was the best meal that I had had in four years. Afterwards, my father, who had gone looking for liquor to celebrate, offered mom a glass of tequila and mom said, "You drink it. Now I have what I love most, my little boy."

I slept like a baby that night and the next day mom woke me up at 6:00 a.m. I was so happy to be home that I didn't even feel tired. Mom prepared me a delicious breakfast consisting of fried eggs with chili served with fresh cheese and tortillas.

As we were eating breakfast, I asked my mom, "What happened to my dog, Duque?

Duque was my very well trained, handsome dog. Mom told me about the unfortunate death that he had. She was checking on an old house and

Duque wandered in. She didn't notice him when she left. She found him two weeks later dead from the heat and lack of food and water. We both sobbed. Mom and I then chatted for a long while. I described what my life was like in the U.S. and I explained to my mom the reason I had left the U.S. Mom then asked, "Are you going to stay here for a while?"

I said, "Well, I don't know."

My mom looked at me with a sad look in her face and said, "I suppose I can't expect you to give up your life in the U.S. and return here for good."

I said, "I am going to give it up for you because, for me, being with you is what I enjoy the most."

My mom and I hugged and then she said to me, "If you leave, I will die."

She looked sad. In order to keep her from worrying, I told her, "Look. To prove that I'm telling the truth, I have some money left over that my brothers gave me. I'm going to open up a shop here at the ranch."

She responded, "Really?"

I said, "Of course."

She became very happy, but I could tell that my mom did not look well and I said, "Mom, you don't look well. I want to take you to the doctor."

She said, "Alright."

We drove out to a town called Momax about 12 miles away from Tlaltenango. The doctor examined my mom and then asked her, "Are you worried about something?"

She responded, "I'm very happy about my son being here and my other children living in the U.S. are planning to come visit soon."

The doctor said, "Oh. I see. You are very happy. I'm going to give you some medicine to help you relax."

I thought, "That's good."

We drove to Tlaltenango and I told mom that I wanted her to stay with my sister for a while to rest.

She said, "And the ranch? You know I can't leave the ranch alone."

I told her, "My brother Vicente and I will go to the ranch."

She asked, "And who's going to milk the cows?"

I told her, "We are, and my sister, Dolores will make the cheese."

She said, "That's fine."

I left mom at my sister, Carmela's place. Vicente and I left for the ranch that afternoon. The next morning, while we were milking the cows, we saw a taxi pull up and park outside the house. We ran to see who it was. The taxi driver got out of the car and said to us, "Your dad sent me here to pick you up and take you to Tlaltenango because your mama is very sick."

We jumped into the car and went to Tlaltenango. When we arrived, my father informed us that my mother had passed away.

Dad said, "I am going to make the funeral arrangements. You call your siblings and let them know."

I became hysterical and cried. I then

followed my father's orders and called
my brother, Lalo in Monterrey, México
to inform him of mother's death. I then
called my brother Max to tell him the
bad news.

Max informed me that he would notify
my other siblings, Artemio, Tiburcio
and Julia and said he would make
arrangements for them all to come to
Mexico. Unfortunately, Max and my
other siblings were not able to find
flights into Guadalajara that would
allow them to make it in time for the
funeral. They arrived at 12:00 p.m. the
day after the burial. It was a nice to see
all my brothers together, but the
circumstances were unfortunate. It
was the first time in years that all 10 of
us were together. Our grandmother,
who was almost 90 years old, said to
us, "Please stop crying. Let her soul
rest now."

Chapter Ten

A few days after the funeral, Tiburcio and I returned to Los Angeles. I had promised my mom that I wasn't going to leave her while she was living, but her life had ended. I felt that it would be better to leave since I could not stay at the ranch knowing that my mother would no longer be there.

I arrived at the Los Coloniales apartments and it was very difficult to go look for work with the Galváns. Luckily Ramón visited me and said, "If you want to work with me, I have work for you as well as for Artemio and Max when they return"

I was very grateful to my old boss Ramón because, apart from hiring me back, he also lent me $500, which was a big help. (See the "reward" mentioned above on page 31.) About a month later Artemio and Max returned from Mexico. Ramón said, "Well, now that Max and Artemio are back, you won't have a job in the kitchen, but I'm going to give you the job of bartender."

I said, "But I don't know the different liquors."

He answered, "That is not a problem. You are smart and you will soon learn them."

It seemed very gracious on his part and I told him, "Thanks a lot and although it will be a bit of a challenge, I'm not going to disappoint you."

I began working in the bar as soon as Max and Artemio returned. The customers seemed to like me as a bartender; however, I was very nervous in the beginning and I began to lose weight due to the stress.

Chapter Eleven

To help reduce the stress, I began to play baseball in the Andrés Mora Mexican League and I started to practice every day in the Mar Vista Park in West Los Angeles. One day a man was observing me play third base. At the end of the practice he asked me, "Do you play for a college or where do you play?"

I told him, "No. I play on a beginner's league called Andrés Mora."

He said, "You have an impressive arm. I'm Jack."

I told him, "I am Tony."

He said, "I played for a Cardinals organization in St. Louis. I would like to be your personal trainer."

I asked him, "How much will you charge me?"

He told me, "I will not charge you anything. I only want to make sure that you excel to your full potential."

From that moment forward, we practiced six days a week from 8:00

a.m. to 10:00 a.m. I was drinking pretty heavily at that time and one Saturday I arrived five minutes late. Jack was furious and said, "You got here late and I'm sure that you drank too much last night. See how you look. There's no practice now. Just run around the park for an hour."

I began to run for an hour. Afterwards, Jack said, "If you're going to keep drinking I'm not going to train you anymore."

I went to work and when my boss saw me he asked, "Are you okay?"

I answered, "Yes."

He said to me, "You look tired."

I told him, "Yes, because Jack made me run for an hour."

Since my boss ran marathons, he said to me, "Oh, how nice. Now I'll have a running companion."

I said, "We'll see."

A few days later, my boss said to me, "There is going to be a 10 kilometer race in Santa Monica. Would you like to run?"

I said, "Sure, why not?"

A few days later it was time for the 10-K in Santa Monica. When we arrived, my boss said, "The best runners begin in front. You go to the back."

Since I had always liked a challenge I began at the front and when the starter gun went off I ran with the best. Since I had never run a race and I didn't have any experience, I ran at 100 percent. After a while, I got tired and I said out loud, "I'm going to stop because I'm going to die."

A runner told me, "You are going to stop after running 5 and 1/2 miles?"

Knowing now that the end of the race was very near, I felt full of adrenaline and powered through the remaining ¾ mile and completed the 10-K race. I finished strong, ranking 12th out of 3,000 runners. My boss found me after about 15 minutes after I had completed the race and asked, "Did you finish?"

I said, "Yes, I finished."

He told me, "I finished number 386."

I was wearing number 12 on my back and he said, "I can't believe it! You were number 12 out of 3,000 people. Congratulations!"

I said, "Thanks for inviting me to the race."

After that day, I began to run every day. I ran 80 miles within a five-day span and on Saturdays my boss and I ran 26 miles. We ran to Marina del Rey, then to North Hollywood and back through Culver City.

I gave up drinking alcohol and quit smoking. With all the running I was doing I lost 40 pounds. I was in very good shape. When we ran, my boss and I would place five pounds weights on each ankle. I felt really good and I was in the best shape of my life. I was practicing baseball in the mornings and running in the afternoons.

Things were going really well at Hacienda Galván and I was doing well financially too. One day I checked to see if I could buy a house. I was 19 years old and I had good credit. I partnered with my brothers Artemio and Max and we bought a house in Hawthorne, California and moved there. Unfortunately, two days after signing the papers for the house, the restaurant where we had all been working closed suddenly and we were unemployed.

Chapter Twelve

After the restaurant closed, my brothers started working at a pizza parlor called *Perris Pizza*, which was located in the same shopping area as Hacienda Galván. My brothers earned more money and worked fewer hours, which made them very happy.

One day I received a call from a man named Alfonzo Venegas, who was a former customer at Hacienda Galván. He said, "I was going to buy your former boss's restaurant, but they closed it and I ended up buying another restaurant located in Century City. The name is Casa Margaritas. I would like for you to come work for me."

I answered him, "When do I start?"

He told me, "You can start next Friday, but come by Thursday so you can familiarize yourself with the restaurant."

The job offered to me at Casa Margaritas was a bartending job, two nights a week. In addition to that job, I had another job prospect. Some former customers from Hacienda Galván had been trying to convince me to work with them at a company named, Rolatape. I knew that working two days a week at Casa Margaritas was not going to be enough, so I decided to go check out Rolatape and apply for a job. When I entered the office, a very distinguished lady greeted me and before I could ask her anything she said, "Welcome Tony! My name is Patti Evans and I am thankful that you decided to come join Rolatape."

I was very surprised because I had never seen this very pleasant and welcoming lady. I stayed silent and Patti said, "I will have Mickey get you set up."

Then Mickey arrived and took me on a tour throughout the whole factory and many of the Rolatape employees knew me because they were former customers of the Hacienda Galván. Everyone said things to me like, "I hope you brought us margaritas." Others said, "Where are the tacos?"

Tony on the Rolatape assembly line

I just smiled and told them, "I'm going to work with you now."

Not everyone was agreeable to Rolatape hiring me, particularly the Director of Unit Assembly, whom no one had consulted about hiring another employee. The director's name was Jim Reilly. He went to the front office and was there a long time. Then he finally emerged from the office, he looked really irritated. He asked Mickey, "Why didn't you tell me that Tony was going to work for us?"

Mickey answered him, "Like I told you, I didn't know. I only knew that Mrs. Evans told me to hire Tony."

Then Mr. Reilly said, "I don't need anyone in the model 400s department."

Mickey said, "He's going to start in Department MM 12."

He said, "OK."

I started work the next day. I liked the job and I received good benefits, such as medical insurance, 23 paid vacation days a year, 10 days of sick leave and two weeks off for Christmas and New Year's.

Tony at the Rolatape Booth at the World of Concrete in Gudalajara

Chapter Thirteen

In 1979, I met the woman who would later become my wife. Her name is Josefina, but her family called her by the nicknames Chepa or Chepina. I met her at my sister Carmela's birthday party. Josefina seemed different than the girls I had known and I was enchanted. She was naturally pretty and not wearing any makeup, as was the custom at the time. I was mixing cocktails and ran out of pineapple juice. I asked her if she would go to the store with me and she said, "Okay."

I was happy that we could be alone and I didn't lose any time. I told her that I thought she was very pretty and that I would like to take her out on a date. She said, "I don't know because my father is very strict and my older brother is very bad-tempered."

I said to her, "I can talk to them."

She still seemed apprehensive and said, "I don't know."

Josefina did not give me a definitive answer.

Three days later, I was invited to my cousin Alicia's birthday party.
When I arrived, I greeted everyone at the party and mingled with everyone. Then I saw a beautiful lady dressed stylishly in a cream colored dress and matching high-heel shoes, with her hair impeccably arranged. Her beautiful makeup was applied with care. She looked like a movie star and I thought, "What a beautiful and elegant woman."

A young girl was with her. The lady appeared to be about 25 years old and I thought, "She's probably married and that's her daughter." I tried to speak with this lady but it was difficult. I noticed that this beautiful lady went into the kitchen and I took this opportunity to speak with her. When I got close to her I thought, "She is so beautiful, but she seems familiar to me, but if I had known her, I wouldn't have forgotten her."

I asked her, "Is that little girl yours?"

She smiled and answered, "Of course not."

The girl shrugged her shoulders. I told her, "Oh, pardon me."

She told me, "Last Monday when I got home from your sister's birthday party, I found a big bouquet of beautiful roses on the doorstep."

Then I realized it was Josefina. I thought, "My God!" I was blushing profusely.

I asked her, "Are you interested on going on a date with me? You did not give me a definite answer last time."

She replied, "I don't know. I told you I'm afraid of my dad and my brother."

Then I asked her, "Can you give me your telephone number?"

She said, "Alright, but if someone else answers, hang up."

I told her, "Okay, fair enough."

Josefina and I started dating in secret; I would meet her outside her brother's house on Sundays while he was away at work. One Sunday, I said, "Let's go to the park for a while."

She said, "No, because if my brother gets home and comes to the house and doesn't find me he's going to get mad."

I asked her, "What time does he leave work?"

She said, "At five p.m."

I told her, "Oh, we'll be back in time."

She said, "Alright."

That Sunday we went to the park in my car but after a few minutes, she told me, "Excuse me, but I'm thinking that my brother might leave work early and he won't find me. Can you please take me back home?"

I said, "Sure."

We came back to her brother's apartment and when we arrived he was waiting for us. He was furious and asked, "Where were you?"

Josefina told him, "We went to the park for a little bit."

Her brother said, "And who gave you permission?"

Then he turned to me and said, "And you're not man enough to speak with our parents? They don't know that you are courting my sister."

I told him, "You're right, but please don't be mad at your sister because it was my fault. I assure you that nothing happened between her and me."

He answered, "All the more to your credit."

I went to Josefina's house to meet her parents. A friendly lady greeted me and when I stepped inside she asked me, "How can I help you?"

I said, "I would like to speak with Josefina's parents."

The lady replied, "I'm her mom. My husband will be here in a moment."

I was very nervous. Josefina's father arrived shortly. He was a man of medium height, dark complexion and with big moustache. He appeared to be well-dressed and wearing a Tejana hat.

The man asked me, "What can I do for you?" with a voice that was loud and very direct.

I said, "I came for two things. First, I want to beg your pardon because I have been courting your daughter Josefina and then I also want to ask your permission to see your daughter."

Don Trino, Josefina's dad, stared at me for a while with a fixed look on his face and then said, "And is she in agreement?"

I told him, "Yes, sir."

He said, "I am glad that you are man enough to come and speak with me."

I told him, "I can talk to you whenever you wish. I care for your daughter a lot."

He then said to me, "You know that she is only 17 years old and I am only giving you permission to come to see her at this house."

I shook his hand and said to him, "Thank you very much sir. I promise you that I won't disappoint you."

He said, "I will see you soon."

I said goodbye and left.

Chapter Fourteen

On the weekends I continued to play baseball. I played in the Mike Brito league on a farm team. I played with many major league players. When I was not playing baseball, I still continued to run. One morning I decided to run 26 miles after running 21 miles the day prior. Afterwards, one of my knees swelled up tremendously and I was not able to walk.

I went to the doctor the next Monday and he informed that the liquid had drained from my knee. The doctor told me to stop running for a least a few months and to not play baseball for a while in order to allow my knee to recover.

After dating Josefina for a year and a half I proposed to her and when she said "yes" I was elated. I began to look for a house where we could live. My siblings: Julia, Carmela, Max, Artemio, and I were living in the first house I had bought so, when I told them I was getting married, my brothers and sisters asked me, "When you get married are you going to live in this house?"

I told them, "Of course not. I'm looking around for a house so don't worry. You don't have to move out and I'm leaving you with all the furniture."

I bought a house about a month afterwards, which was located in Hawthorne and two months later, Josefina and I got married in our new house. For our honeymoon, we went to Carmel, which was very beautiful.

Our first daughter, who we named Maria Olivier, was born a year later. She was a precious girl with light complexion. All of the aunts and uncles loved her so much. A year later another daughter was born. We named her Diana. She was also beautiful.

I continued working two jobs, Rolatape and Casa Margaritas. Everything was going very well for me and I was happy with my young family.

One morning, there was a meeting at Rolatape and the executives notified us that the company was going to move away from Los Angeles to Spokane, Washington. The decision to move was very difficult for me because the tips at Casa Margaritas accounted for a large percentage of my income. It seemed impossible without that job. In the end, we decided that it was best that we take this opportunity and move with Rolatape. On June 23, 1983, my family and I arrived in Spokane.

Spokane was a big change. We didn't know anybody and did not have any family, but we overcame everything. Our son, Orlando was born eight months after we moved to Spokane.

Chapter Fifteen

I understood that when you immigrate to another country that is not your birth land, you have to do four things to make progress and assimilate:

1. Learn the dominant language of the country

2. Work hard

3. Pay taxes

4. Respect the laws

In 1986 I was able to accomplish the pinnacle achievement. When the Reagan Administration passed the Immigration Reformation Control Act of 1986, I obtained legal status, with full citizenship five years later.

Because there were no authentic Mexican restaurants, my family and I decided to open up a Mexican restaurant called Burrito King on April 20, 1988. I partnered with my sister, Julia, and Felix, my sister Carmen's husband. My brother Max managed the kitchen. The restaurant was successful. It was a great experience and everything went very well for us.

Tony and Max at the Burrito King opening

After two years, Felix left the business and opened his own restaurant and called it Chapala Mexican Restaurant. In June 1991, Julia and I opened a second Mexican restaurant named Las Chavelas in Coeur d'Alene, Idaho. Artemio moved to Coeur d' Alene and took charge of Las Chavelas. Six months later we opened a third location in Post Falls, Idaho. By then we managed 60 employees. My employees' salaries were quite fair. I paid them more than minimum wage and, because of that I felt I had a very good team. By 1993, my family had opened up five restaurants including one in Sandpoint, Idaho and a second one in Spokane. That same year, my last child, Vanessa was born.

Chapter Sixteen

Three years after opening the five restaurants, I encountered some difficult times. I had taken on more that I could handle with five restaurants, plus a full-time job at Rolatape. Additionally, my brother Max passed away. His death was a painful loss to the family. He was one of my favorite brothers. When I came to this country Max helped me financially. I ended up having to sell four of the restaurants, leaving me with just Las Chavelas in Coeur d' Alene. My customers didn't abandon me and to this day, I have many loyal customers. They have stayed with me through the good times and the bad times.

In 2005, we were debt free and had some savings. The opportunity became available to buy a deli restaurant named, Casey's Place. It was located at the same venue as my former restaurant, Burrito King. We took possession of Casey's Place in the first week of February 2005. My decision to buy the deli was based on the fact that Rolatape, which had provided me with good source of income, had been sold to Stanley Tools and the company was moving to India. The departure of

Rolatape was a financial loss to me and I was trying to replace some of the income by buying Casey's Place. It was a big risk and it was a challenging transition on Josefina because she was going to be in charge of the business. During the transition in ownership, Josefina spent a month working with the previous owners learning to prepare the items on the menu and the standard business operations.

Upon taking possession, with the goal of keeping all the experienced workers, we gave them a 10 percent increase in pay. One of the employees, who is now the general manager, has been very loyal since the beginning. With the change in ownership, there were some changes that were implemented such as a new computerized cash register system and we began to open on Saturdays, which helped increase business. Some of the employees did not like the change in ownership and began to rebel and disobey my wife's orders. The disgruntled employees eventually left, making it easier for Josefina to manage.

At the end of 2006 I opened the seventh and last restaurant called Blue Bay located in Post Falls, Idaho. My dream was to open a steak and seafood restaurant but my dream became a nightmare. After one year of being in business I was looking at the books and saw the business had suffered enormous losses so I decided to shut it down. At the end I was $580,000 in debt and thought about going bankrupt but I decided the banks lent me money in good faith so I was going to do whatever it takes to pay them back. With the help of Cambridge Debt Consolidation Services and with payments of $4,000 and more a month after six and a half years I was able to pay all the debt.

Today, both Las Chavelas and Casey's Place continue to thrive and are successful restaurants. Thanks to Lupe Galván I still cater 30 to 1,000 people, nothing is too big or too small. Las Chavelas will be celebrating its 25th Anniversary in June 2016. I look forward to reaching this milestone and I am very thankful and appreciative of all our loyal customers who have patronized the restaurant throughout the last 25 years. We would not have been able to achieve this landmark anniversary without their loyal support.

Epilogue

Today I live in the Spokane Valley with my wife, youngest daughter, Vanessa, and two adorable dogs, Autumn and Teddy. I continue to work at my restaurants, Las Chavelas, Casey's Place and catering. My website is www.LasChavelas.com I am a devout baseball fan and still play the sport 40 years later.

Tony playing with the Tigres in the Andres Mora League in 1979

Autumn and Teddy

My parents Ausencia Pinedo de Orozco
and Exiquio Orozco in 1976

Acknowledgments

I am endlessly thankful for everyone who made this biography of my life possible and I also ask for pardon for using your names.

Siblings	Employers	Colleagues
Má. Dolores.	Patti	Anthony
Lalo.	Lupe.	Carlos p.
Tiburcio	Martín	Diana
Manuel.	Ramón.	Julián
Vicente	Alfonzo	Carlos
Julia.		Cathy
Carmela.		Eddie
Max.		Jose
Artemio		Joaquin
		Mickey
		Jim
		Paul

I also want to thank other persons including Don Trino, Doña Juanita, Angel Reyes, Manuel and Juan. I also want to give my most sincere thanks to the greatest announcer Vin Scully, the best sports broadcaster at the international level, who, without knowing it, was also my best English teacher because he had such a clear and impeccable voice; thanks a lot and pardon me for using your names.

A special thanks to Gary A. Edwards, Julina, Maria and Charity for helping me prepare this book. www.LasChavelas.com

La Esperanza Nunca Muere

Introducción

Esta lectura ha sido escrita con el propósito dar a conocer a todos los lectores nacionales el impacto económico que han dado todos los logros que se han realizado por personas del tercer mundo, algunos más grandes que otros, también para animar a personas latinas extranjeras e informarles que con un poco de suerte y mucho esfuerzo se puede lograr el sueño Americano.
También les doy las gracias por permitirme entrar en su mundo litúrgico. Espero que disfruten esta pequeña e interesante historia.

Capítulo Uno

Exiquio Orozco nació en el Rancho Guatimosi en el año 1907, ahora llamado Rancho Los Guapos. Ausencia Pinedo nació en el mismo lugar en el año 1913. Ella fue parte de la tragedia de la Guerra Cristera a la edad de 6 años. La tragedia llegó al Cañón de Tlaltenango donde fue perseguido el canónigo. El gobierno izquierdista empezó a perseguir al canónigo, matando a Cristeros derecha e izquierda.

El Señor Tiburcio Pinedo, padre de Ausencia, fue torturado en busca de la locación del lugar donde se hallaba el canónigo y también 22 hombres valientes armados, seis mujeres y una niña de seis años llamado Ausencia Pinedo. Cuando Tiburcio fue interrogado, El gobierno no pudo sacar ninguna información y fue fusilado cruelmente. Le quemaron sus trojas y le robaron su ganado.

Dos meses después, alguien traicionó a Los Cristeros y dio la locación donde se hallaba el canónigo y su gente. Una mañana fría, estando Ausencia comiendo un taco con sal, se oyó un disparo de Mauser y una bala partió la piedra en dos partes donde pequeña Ausencia se sentaba.

Después de mucha sangre derramada y

una gran pelea, el canónigo fue aprehendido y después asesinado en la locación la Cueva de la Barranca del Rancho de Los Guapos, ahora llamado La Barraca de Los Cristeros. Después de todo el desastre, María de Jesús Para la Fox madre de la pequeña Ausencia, su hermano Apolinar y Ausencia, con mucha pobreza y hambre sobrevivieron.

Ausencia creció modestamente y a los 16 años se casó con Exiquio Orozco. Tuvieron una ceremonia muy pobre por la mala economía. La noche después de su boda, la pasaron sin techo. Luego con esfuerzo y mucho trabajo el Sr. Exiquio heredó la profesión de su padre, el Sr. Secundino Orozco. Trabajaba el ixtle de maguey. Fabricaba lazos, sogas cinchos para sillas de montar. Con la ayuda de su recién esposa, hacían hasta tres lazos diarios o una soga de quince metros de larga.

En ese año el Sr. Exiquio tuvo una gran cosecha de maíz, cacahuete y tabaco. Con esa gran cosecha obtuvo suficiente presupuesto para comprar un lote de casa de una hectárea, construyeron un cuarto y cocina de adobe. Después del año y medio de casados, nació una niña que falleció. Luego nació una Niña llamada María Dolores. A los 15 meses después Exiquio fue contratado por el ferrocarril Americano por nueve meses, dejando la Señora Ausencia con seis meses en cinta y

al cuidado de una yunta de bueyes, seis
vacas y un caballo.

Pasaron Los largos nueves meses. Cuando
Exiquio regresó, encontró un sembrador
quien fue llamado Eulalio. También,
encontró tres vacas paridas y una labor
beneficiada. Fue otro buen año y
construyeron otro cuarto.

Después de seis meses, nuevamente
Exiquio partió a Los Estados Unidos. La
contratación fue de seis meses y después
de los seis meses, regresó. Al regreso,
encontró a un nuevo hijo quién, por
nombre Tiburcio que fue el hijo más
consentido de todos. Tiburcio era huerito y
le apodaron El Huero.

En 1945, un año después Exiquio partió
de nuevo a los EEUU. Tuvo un contrato
en Wisconsin trabajando en el traque.
Estando en Wisconsin fue contratado para
ir a Europa a pelear como soldado en la
segunda guerra mundial. Al mes de llegar
a Alemania, Exiquio tuvo un accidente.
Fue herido levemente, por suerte meses
después la guerra mundial terminó.

Exiquio corrió con suerte. La herida sanó
y el gobierno Americano le otorgó una visa
Americana sin vencimiento y también le
dieron $3,000 dólares como recompensa.
Exiquio regresó a México después de 14
meses. Traía con él una gran cantidad de

dólares. Al llegar, encontró a un hijo llamado Manuel. Ausencia nunca supo del viaje de Exiquio a la guerra, ni la herida, y cuando se enteró se enojó mucho y le dijo, "¿Pudiste haber muerto y yo, que hubiera hecho con cuatro hijos pequeños, una granja y terrenos con siembra? No, señor. ¡Usted no me vuelve a EEUU! "

Entonces se dedicó al rancho. Terminó de construir la casa. Le hizo cuatro recamaras, una cocina y altas bardas de adobe. También, hizo muchas compras de propiedades y así pasaron 10 años.

En esos años el rancho creció. El ganado aumentó y también la familia a Vicente, Max, Julia, Carmela y Artemio. El trabajo aumentó, pero para entonces ya Dolores había cumplido16 años, Eulalio 14 y Tiburcio 12. Entonces Exiquio ya tenía alguna ayuda y Ausencia a Dolores pero desgraciadamente esto no duró mucho, porque luego María Dolores se casó.

Entonces, Ausencia se quedó sola, sin ayuda. Después de tres años sin tener bebes, en 1957 nació el décimo y último de la familia. Se llamó Domingo. Le decían Mingo, o Minguito. ¡Y ese soy yo!

Capítulo Dos

Después de mi nacimiento mi papá,
Tiburcio y Eulalio fueron contratados en
Los EEUU. Tiburcio en Amarillo, Texas;
Eulalio en Missoula, Montana y Exiquio en
California.

Después de nueve meses regresaron.
Regresaron en tiempo de cosecha y había
mucho trabajo, ya que mi mamá trabajaba
de 5:00 de la mañana a la metida del
sol, con la ayuda de Manuel de trece años,
Vicente de once años y Maximiliano de
nueve, habían sembrado dos yuntas de
maíz, cacahuete y frijol.

Mi mamá trabajó tanto ordeñando 20
vacas y preparando tres comidas al día
para sus hijos y empleados del campo.
Cuando regresaron los tres hombres, el
rancho se convirtió en un gran reto de
trabajo cercando lienzos nuevos en la
Sierra la Tierra Nueva, El Guamuchil, el
Llano, la Tierra Colorada, y la Tierra
Negra. En la Tierra Negra se hicieron unas
pilas de agua hondas y luego un pozo de
30 metros de hondo y después de eso
mama nunca más tuvo que ir a traer agua
para tomar medio kilómetro de retirado. El
proyecto de todo esto costó más de
20,000.00 pesos y a pesar de una buena
cosecha y una gran cantidad de dinero del
norte. Mi papá tuvo que conseguir
5,000.00 pesos. El interés era muy alto,

3% mensual. Mi papá tenía muy buen crédito, pero con un porcentaje tan alto no tardó en doblarse la deuda.

En 1961, yo empecé a ir a la escuela. Solo tenía cuatro años de edad. Yo hacía bastantes preguntas y tenía muchas ganas de que Papá pagara sus deudas y decía, "Papá, yo voy a ser abogado, voy a ganar mucho dinero y te pagaré las deudas," pero para papá, era solo un sueño.

En el año 1965, papá tuvo una tragedia al sacar agua del pozo. El traía la Visa Americana en la bolsa de la camisa y se le calló al pozo. Tenía más de 20 metros de agua. Duraron diez días para sacar todo el agua, luego una persona bajó al fondo del pozo en búsqueda del Pasaporte Americano. Después de tres días de búsqueda, en el lodo lo encontraron totalmente desecho. Fue una gran pérdida. Papá ya no tenía su visa y mama no tenía agua potable.

En 1966 hubo una mala crisis. No hubo lluvia. Fue un año terrible. Se murió mucho ganado, puercos, gallinas. Fue una gran depresión. Por suerte, ese año tuvimos la visita de Tía Cuca hermana de Exiquio. Ella vivía en Sacramento, California y prometió ayudar a mi papá. Le arregló una Visa de trabajo y Exiquio partió nuevamente a USA.

Ganado en tiempo seco

Tía Cuca

Cuando yo tenía nueve años y estaba en tercer grado, Tiburcio se fue a Los Ángeles y le fue regular. Le mandaba a mama $100 cada dos o tres meses. Papá regresó.

Después de un año el ganado estaba muy

compuesto. Ya había 27 vacas, un
semental, algunos puercos y gallinas.
Papá había mandado 1,800 dólares en
todo el año y con eso no fue suficiente
para las deudas, y la cosecha no fue muy
buena. Los medios de préstamo no eran
Los bancos sino en privado. El principal,
Romaldo Herrera, Epifanio Luna y
Leonardo Reina.

El porcentaje era 3% mensual, es decir
36% al año. Por ejemplo Exiquio consiguió
con Romaldo 10,000 pesos. Seis meses
después eran 12,160 pesos. Luego,
conseguía con Epifanio esta nueva
cantidad y a los seis meses ya eran 15,908
pesos. Entonces consiguió con Leonardo
la nueva cantidad de 15,908 pesos para
pagarle a Epifanio.

Yo entré al primero año de secundaria a
una escuela católica privada. Durante ese
año, estaba en un teatro infantil y allí me
desarrollaba, cantando y actuando. Había
un espectáculo. Por semana al mes
ganaban 50 a 60 pesos, que era bastante
bien.

Al terminar el año, me dí cuenta que papá
ya debía más de 50,000 pesos y que el
interés solamente aumentó a 1,500 al mes
y que la colegiatura era de 250 al mes.
Papá se preocupaba mucho y perdía el
sueño. Me di cuenta y decidí abandonar la
escuela. Me esperaba el duro trabajo del

campo, lo que no sabía hacer.

Domingo Orozco foto de la escuela

La familia siempre tuvo un comercio en el rancho y mi madre decidió que su niño chiquito no iba a trabajar la tierra del campo y me pusieron de encargado del comercio. Yo era bueno para la matemática. Tomé el toro por los cuernos. Cuando tomé el negocio era tiempo bueno. Llovía mucho y había mucho trabajo en el campo. El primer mes las ganancias fueron de más de 700 pesos, el segundo más de mil y todo iba muy bien. El negocio se iba doblando y mi Papá muy contento.

Luego se llegaron las secas, que es el tiempo malo y la gente comenzó a pedir crédito. Yo era muy generoso y joven. Empecé a dar crédito y poco a poco el negocio se calló. En una ocasión, falsifique una letra con Romaldo de a 3,000 pesos. Pedí prestado al nombre de Exiquio para surtir la tienda. Exiquio no se dio cuenta pero para entonces ya yo debía más de 6,000 pesos. Los clientes me debían más de 16,000 pesos pero no pagaban y después compraban en una de las otras tiendas. Habían cuatro tiendas más.

Caí en depresión y empecé a tomar y jugar baraja, (el negocio estaba muy mal.) Dos letras se vencían en los primeros de enero 1974. Era tiempo de cosecha. Por lo tanto papá estaba muy ocupado. En eso cayó un telegrama que había una posición de trabajo para Artemio. Como estaba tan ocupado, papá decidió mandarme con Artemio como compañía, porque Artemio nunca había salido del pueblo. Le dije, "Yo lo llevo a Tijuana y cuando el haya pasado, yo me regreso." Papá estaba tan ocupado que le pareció una buena idea. Dijo papá, "Tan pronto como pase tu hermano, te regresas," pero con tantos compromisos pensé yo, "Ya no vuelvo. Me quedaré en la costa porque para entonces las letras estarán vencidas y papá estará furioso," y con razón porque después de deber más de 50,000 peso, serían otros 10,000; un total de 60,000 pesos. Tan solo el interés era de 3,600 pesos al mes.

En Los Ángeles vivían Max y Tiburcio, cuando supieron que los dos estábamos en Tijuana dijo Max, "¿A ver. Como le hago? Pero me traigo a Los dos."
A mí me dio mucho gusto.

Pasamos el día dos de enero en 1974. A la pasada, todo fue bastante bien. Llegamos a Los Ángeles sin novedad y Artemio empezó a trabajar el día cuatro de enero lavando platos en Hacienda Galván en Pacific Palisades.

Capítulo Tres

Yo trabajaba escondidas de Tiburcio. Yo no quise ir a la escuela porque yo quería trabajar para pagar mis deudas. Miguel Leyva me daba trabajo limpiando cuartos, era el manejador de Los Coloniales. Eran unos apartamentos en W. Los Ángeles.

Un día me dijo un señor de Durango, "¿Quieres ir a trabajar con nosotros a un lavado de carros? Con suerte te den trabajo."

Yo dije, "Bueno, no tengo nada que perder." Ellos eran dos hermanos. Tenían una gran estampa, pues medían más de dos metros. Eran unos hombres muy grandes, pesaban más de 250 libras y para limpiar los vidrios de atrás batallaban mucho y pensaron, "Este muchacho esta chaparrito y no batallará para limpiar los vidrios."

Después de 45 minutos de camino llegamos al lavado de carros pero ellos no hablaban inglés y me dijeron, "Habla con la dueña y dile que tu trabajas sin que te pague nada que nosotros te vamos a dar parte de nuestro sueldo."

Pues, me dí valor y usé mi poquito inglés y La Dueña me entendió y me dijo, "¿Que edad tienes?"

Yo le dije, "Quince años."

Me dijo, "¿Porque no estás en la escuela?"

Yo no sabía que decirle, y me dijo, "¿Tú sabes que si yo le hablo a la policía, te vas a meter en problemas?"

Yo le dije, "Por favor, no lo haga. Déjeme trabajar ahora y ya no vengo jamás."

Me dijo la dueña, "Está bien, pero mañana no vengas."

Yo medía 5 pies, 4 pulgadas y pesaba 120 libras. Todos los chóferes que manejaban los carros eran Afro-Americanos de una estatura muy alta. Yo les tenía bastante miedo. Yo nunca había visto a un Afro-American. Por mala suerte, después de media hora de empezar a trabajar, llegó un policía. Cuando lo miré, le dije a uno de los compañeros, "Voy al baño," y no salí hasta que el policía se fue.

Después llegaron algunos clientes muy elegantes y simpáticos y me decían, "Estás muy chico. ¿Porque tú estás trabajando?"

Yo les decía, "Necesito dinero."

Ellos me daban dinero yo fui a ponerlo en el frasco de compartir, pero un cliente me dijo, "¿Quién es el encargado?"

Le dije, "El chofer."

Él le dijo que me había dado dinero porque le había limpiado sus vidrios muy bien y que ese dinero era solo para mí.

Después de un largo día caliente y muy soleado, yo me gané $12.00 dólares de propina. Fue muy bueno porque el sueldo era $1.35 hora. Entonces gané más de lo debido. Yo me fui muy gustoso, pero también triste porque ya la dueña me había dicho que solo ese día. Yo les dije a Los señores que me invitaron, "Gracias por invitarme."

Me dijeron, "Que malo, porque nos ayudaste mucho."

Yo les dije, "Si, pero la dueña dijo que no era correcto, y ni modo." Al día siguiente yo no me levanté temprano, puesto que no iba a trabajar, pero para mi sorpresa, entró a mi cuarto el manejador de Los apartamentos y me dijo, "Allí hay una señora de un carro negro muy elegante que dice que un niño le ayudó en su negocio que quiere hablar con él? ¿Eres tú?"

A mí, me dio mucho miedo, y le dije, "No. Yo, no."

La persona insistió y dijo, "Por favor, los

señores que lo invitaron a trabajar me aseguraron que aquí vivía."

Ya yo fui y hablé con la señora y me dijo, "Te traigo tu dinero de un día de pago."

Le dije, "Usted me dijo que solamente un día."

Ella me dijo "Todos los empleados preguntan por ti."

Y como me había dicho lo de la edad y la policía, yo le dije, "Muchas gracias, pero no quiero arriesgar."

La señora agachó la cabeza y dijo, "Okay."

Cuando estaba hablando con la señora, llegó mi hermano Tiburcio, y dijo, "¿Porque estabas hablando con esa persona? ¿Hiciste algo malo?"

Yo le dije "No, nada. Sólo que fui a trabajar al lavado de carros sin tu permiso."

Él dijo, "Lo sabía que ese dinero que traías no era por ayudarle a Miguel Leyva."

Yo le contesté, "Tienes razón."

Mi hermano Tiburcio era muy bueno, pero sin mentiras. Por lo cual, me regañó y me dijo, "Entonces, quieres trabajar, pues a trabajar."

Él se comunicó con Max y le pidió que me consiguiera trabajo y Max como era tan bueno dijo, "Estoy seguro que sí le consigo trabajo, pero es un chiquillo todavía."

Tiburcio respondió, "Sí, pero él se sale del apartamento y se va a buscar trabajo y no quiero que le vaya a pasar algo malo."

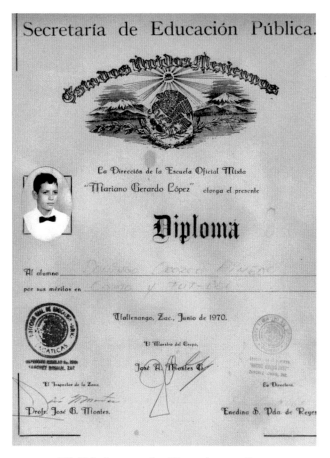

El Diploma de Domingo Orozco

Capítulo Cuatro

Artemio y Max trabajaban para La
Hacienda Galván. Era una cadena de
restaurantes. Tenían cinco, y por abrir
uno más. Los Galvánes eran buenas
personas. A los quince años y seis meses,
empecé a trabajar.

Ellos eran muy devotos a la fe Católica y
ayudaban mucho a la iglesia. La mayoría
asistieron a una escuela Católica en Santa
Mónica California. Al principio, solo conocí
a Lupe y Martín. Ellos eran de una gran
estatura, casi dos metros de altos. No sé
por qué razón me tomaron mucho cariño,
y confianza. Me pusieron encargado de la
caja y como yo había tenido tienda, tenía
estilo y experiencia.

El sitio era en Pacific Palisades, California,
un lugar muy bonito. Era una ciudad de
gente bien. Mi sueldo era de 60 dólares
por semana, pero era todo incluido. Allí
comíamos y dormíamos. Como yo había
dejado una deuda de 3,000 mil pesos, los
primeros 300 dólares se los mandé a mi
Papá y pagó la deuda, y le sobraron 600
pesos. Mi madre, a quien yo amaba, le dio
tanto gusto que había pagado esa deuda.

Su hijo de quince años se había hecho
responsable los siguientes; 100 dólares
que ahorré, se los mandé a mi mama y le
dije, "Haz lo que te place con eso. Es

solamente tuyo." Eran 1,250.00 pesos 40 años pasados. Ahora serían como 50,000 mil pesos. Mama había tenido un accidente años atrás y perdió sus dientes de arriba en frente y nunca se los había arreglado. Con ese dinero se puso la dentadura completa. Todos mis hermanos estaban muy contentos.

Yo aprendí muy bien mi trabajo gracias a la ayuda de mis compañeros de trabajo. Ellos eran Carlos el supervisor de lunes a viernes sobrino de los dueños; Tony hijo de Martín Eduardo, hijo de Martín Ricardo, hermano de Carlos; Patricia hija de un doctor; Kathy hija de un abogado; Cindy sobrina de los dueños; Silvia hermana de Cindy; Kathy hija de Martín; Max, Artemio y Diana.

Diana era una mujer muy bonita y gentil. Era alta y con una figura hermosa. Éramos muy amigos yo le enseñaba español y ella me enseñaba inglés. Ella me miraba con una mirada triste yo pensaba, "Seguro, me tiene lástima."

Yo era un adolescente y como cual, tenía mi cara muy maltratada con acné y espinillas. Diana tenía su novio y estaba comprometida. Se iba a casar. Un día me llamó y me dijo, "Ven aquí," estaba sería y me empezó a hablar muy seria.

Yo le entendía muy poco. Luego Carlos

miró que estaba platicando y me dijo, "A trabajar. ¿Porque no estás trabajando?

Ella dijo, "Yo tengo la culpa. Le quiero decir algo pero no me entiende."

Carlos dijo, "¿Que es eso tan importante?"

Dijo, "Ya me voy a casar y nos vamos a vivir a San Diego, así que ya no te volveré a ver. Quiero llevarme un recuerdo de ti. Mira, voy a tener un niño y le quiero poner tu nombre para tener un recuerdo," y dijo, "Pero Domingo no creo que le quede a mi hijo porque es Americano. Le podemos poner un *nickname (sobrenombre)*."

Carlos dijo, "Que buena idea, porque pierde mucho tiempo tratando de explicar su nombre a los clientes."

Los clientes me querían mucho y luego me preguntaban cómo era mi nombre en inglés. Yo no sabía que mi nombre era Dominique. Bueno Carlos dijo su nuevo nombre es "Tony." Es un nombre Italiano muy popular y así ya no vas a perder tiempo explicando. Así que cuando te pregunten cómo te llamas les dirás Tony."

Diana dijo, "¡Magnífico! Así le pondré a mi hijo."

Me abrazó con un abrazo fraternal y

sollozó y a mí, también se me salieron las lágrimas y allí comprendí muchas cosas, porque cuando las compañeras me hacían un desaire o se burlaban de mí, ella siempre me defendía y luego me dijo, "Mi novio ya viene y te trae un regalo para ti."

Luego llegó y me dijo, "Toma suertudo. Es de parte de Diana."

Eran dos discos, dos canciones populares; una con Melissa Manchester, "Midnight Blues" y la otra, "Killing Me Softly" de Roberta Flack.

Bueno, desde ese día mi vida cambió, pero luego me entró una gran depresión. Extrañaba a mi mama en México y a mi gran amiga y empecé a tomar a los 16 años. Era un borracho completo.

Yo seguía aprendiendo. Lupe Galván me enseñó a llevar *catering*, es decir, llevar banquetes a domicilio. Nos contrataban para eventos importantes y catering personas muy ricas. Yo servía la comida y le ayudaba a ensamblar el equipo. Íbamos mucho a casa de artistas de cine. Una vez hicimos un banquete al señor Reagan, antes de ser presidente de EEUU.

Lupe me pagaba al doble de lo que ganaba en todo el día por sólo dos o tres horas y aprendí *catering* y con personas muy famosas. Después de un año Lupe me dijo, "Carlos ya no trabaja con nosotros. Yo voy a Kentucky a ver un rancho ganadero y quiero que te encargues de correr el negocio,"

Yo le dije, "Todavía no sé todo."

Me contestó, "No te apures. No me voy hasta el lunes."

Era viernes, así que tenía dos días para aprender. A mí, me dio mucho miedo pero me dijo, "Tú eres muy inteligente y todo lo vas a hacer muy bien."

Eso me dio aliento, que tuviera tanta confianza en mí y fuimos al banco a introducirme con el bancario y el bancario preguntó, "¿En qué te puedo ayudar Lupe?"

Lupe respondió, "Vengo a agregar ésta persona a la cuenta de banco. Él va a tener autoridad de suplirme por dos o tres semanas."

El bancario dijo, "¿Es tu hijo?"

Contestó, "No, es sólo mi empleado. Ni siquiera es de la familia."

El bancario dijo, "Que raro. Nunca he mirado tal cosa como esta."

Lupe dijo es de mucha confianza bueno el

bancario me enseño como hacer un depósito que tuviera dinero en efectivo, cheques y tarjetas de crédito y pronto aprendí y me dijo, "Lupe, ya ves. Tu puedes."

Le dije, "Muchas gracias por tener confianza en mí."

Dijo, "Te lo mereces."

Así fue que aprendí como correr el negocio. Lupe estuvo afuera dos meses y cuando regresó traía la noticia que había comprado un rancho ganadero en Lexington, Kentucky. Esto pasó en el verano del 1974.

En el otoño abrieron un restaurante muy lujoso en La Marina del Rey, una área muy bonita y cara. Les fue mejor de lo que pensaron y necesitaban más ayuda. Por lo tanto, mi venida a EEUU causó una gran epidemia de jóvenes llegando a este país.

Capítulo Cinco

De Los Guapos se vinieron como veinte, incluyendo un gran amigo, Carlos Pacheco y José Pacheco, padre de Carlos. Trabajaban con nosotros y cuando decidieron cambiar a los tres hermanos, Max, Artemio y yo a La Marina del Rey, abrió una oportunidad para tres empleados - Carlos; José Pacheco, padre de Carlos y Julián Viernes, mi cuñado, esposo de Dolores, mi hermana.

El cambio para mí fue muy drástico y duro. Eran dos horas más de trabajo de domingo a jueves y tres horas más viernes y sábado. Eran 12 o 14 horas diarias y el 100% más trabajo. El sueldo era de $160 más al mes, o sea $400.00 y $480 para Max. A mí, se me hacía como una cárcel y empecé a tomar mucho más. Lo único es que tenía cuatro amigos de mi infancia. El día de mí descanso era el lunes y Carlos también pidió su descanso los lunes, así que todos los domingos en la noche era tremenda fiesta, porque el lunes no trabajábamos. El lunes nos levantábamos tarde y luego íbamos a comer a nuestro restaurante favorito, El Talpa. Luego, nos íbamos a Los Coloniales donde estaba toda la raza. Allí había de todo; tomada, juego de baraja y hasta mujeres. Mi hermano Tiburcio vivía allí y siempre nos decía, "No se vayan a meter con las prostitutas porque se les puede pegar enfermedades venéreas, así que, no nos atrevíamos a acostarnos con las mujeres, aunque, sí había unas muy atractivas y de nuestra edad y como yo y mis amigos, siempre traíamos suficiente dinero. Ellas solo cobraban $5.00 dólares pero la tentación no nos ganó.

Yo no hacía ni un deporte, pero un día, en el día de mi descanso Carlos mi amigo, no pudo descansar y fui a visitarlo Carlos. Descansaba el día siguiente esa semana, porque normalmente descansábamos el mismo día y él me dijo, "Espérame a salir del trabajo y me voy contigo."

Eran como las seis de la tarde y el salía a las 9:00. Yo me fui a un parque cerca de ese sitio. Al llegar, miré que estaban jugando un partido de pelota suave y lenta. Era *Jack and Jill game*, es decir hombres y mujeres jugando. Yo me senté a mirar el juego en una banca y luego me dice una mujer, "Tenemos solo 8 jugadores en nuestro equipo. Te necesito. ¿Nos ayudas?

Yo dije, "No tengo guante."

Dijo, "No hay problema. Yo tengo uno."

Me puse en el jardín derecho yo tenía muchos nervios. Era mi primera vez que jugaba un deporte organizado, aunque era pelota suave y lenta.

Teníamos dos *out* en el 7º *inning* y el
bateador metió un batazo en línea hacía
mí. Yo no lo calculé bien y se fue sobre mi
cabeza. Yo corrí hasta la barda. Tomé la
pelota y la tiré hacía *home*. El tiro fue tan
perfecto que el *catcher* la estaba esperando
con la pelota en el guante. Todos estaban
al mirados con el tiro y como era el tercer
out. Cuando llegué al diamante todos me
abrazaban y me decían, "Tienes un
tremendo brazo."

Yo estaba sorprendido y bueno en ese
momento me convertí en un fanático al
baseball. Ese día me embasé tres veces y
cada vez que me embasaba todos
aplaudían y gritaban. Yo nunca había
sentido todo esto. Tenía mariposas en mi
estómago. Era increíble. Jugué dos juegos
más con ellos y luego se terminó la
temporada. El último día me hicieron un
party yo me sentía tan contento con Dios
que me permitió conocer estas personas.

Todos eran Americanos de gran posición.
Todos vivían en Malibu y Pacific Palisades.
Unos tenían niños y los niños me querían
mucho. Me decían, "¿Puedes venir a mi
casa a jugar?"

Yo les decía, "Algún día."

Nos despedimos y yo nunca los volví a
mirar, pero después de eso, empezamos a

practicar *baseball* todos los días de descanso, mi amigo Carlos y otros muchachos.

Yo era chaparro y un poco gordo. Media cinco pies, cuatro pulgadas, y pesaba 180 libras. Carlos era un buen bateador. Siempre me ganaba a batear, pero no le gustaba la defensa y muchas veces, después de batear, ya no quería jugar yo me enojaba, pero sólo me contentaba, porque ya sabía que así era y ni modo. Bueno pasaron los días y nosotros seguíamos con la misma rutina.

Un día que no descansó Carlos, yo fui al apartamento de Tiburcio mi hermano. Él estaba trabajando y no había nadie ahí, pero yo traía llave y pude entrar. Me senté y luego hice café de olla, como traía una gran cruda. Estaba tomando me el café cuando tocaron la puerta del lado de la calle. Era en el segundo piso. Miré por la ventana, y miré dos personas, una huerita, como de mi edad, alta muy bonita con un bonito cuerpo y un hombre moreno.

La muchacha entró sola y de repente y me dijo, con un español poco mocho, "¿Quered sexo?"

Yo ya sospechaba que era prostituta. Ella estaba muy drogada y me dijo, "Solo cobro cinco dólares."

Yo la miré muy desesperada y le dije en inglés, "Siéntate y tomate un café."

Dijo, "No puedo. Mi compañero me está esperando afuera y me va a pedir dinero porque él piensa que me estoy acostando con alguien. Por favor, métete conmigo y págame, por favor porque sí no, me va a ir muy mal. El me pega."

Me enseño un moretón en su espalda. Yo cerré la puerta con llave y le dije, "¿Porque lo haces?"

Me dijo, "Por dinero y porque me obligan."

No voy a mentir. Sí me daban ganas de acostarme con ella, pero luego me acordaba de cuando estaba en sexto año tuve un gran maestro y nos decía el riesgo tan grande de enfermedad venéreas y como cuando las mujeres eran jóvenes y bonitas, el riesgo era más alto porque, con las drogas y la cantidad de clientes, no se limpiaban bien y no me metí con ella.

Yo le dije, "Mira. Yo te voy a dar $15 dólares pero no te voy a tocar."

Dijo, "Como que no."

Yo le dije, "Tomate este café negro de olla y vete."

Me preguntó mi nombre y le dije, "Me llamo Tony."

Me dijo, "Que bueno eres. Gracias." Y me dijo, "¿No te gustó o no te gustan las mujeres?"

Yo le dije, "Si, me gustas. Eres muy bonita, pero yo nunca he estado con una mujer y tu andas muy mal."

Entonces me dijo, "Muchas gracias. No me preguntaste mi nombre. Me llamo Juanita."

Yo le dije, "Gusto en conocerte, pero ya vete porque ese hombre te está esperando."

Me dijo, "Muchas gracias."

Me dio un abrazo y se fue. Después de dos semanas, regresé a Los Coloniales y uno de los hombres que vivían ahí me dijo, "Un hombre vino a buscarte dos veces y insistió que le diera tu dirección, y como yo sabía que vives en el restaurante, le dije que trabajabas en Hacienda Galván en la Marina del Rey y me dio las gracias y se fue. Yo pensé quien será y como a la semana después estando trabajando, mi patrón Ramón Galván me dijo, "Hay un cliente que quiere hablar contigo."

Yo pensé, "¿Quién será?"

Cuando me desocupé, salí de la cocina y le pregunté a mi patrón, "¿En cuál mesa están sentadas las personas que quieren hablar conmigo?" y me dijo, "Están en la mesa número dos."

Yo fui hacía la mesa dos y cuando llegué, me sorprendí. Era la misma muchacha que conocí en Los Coloniales. Yo me asusté y quise regresar a mi trabajo, pero el señor se paró y me dijo, "No temas. Mi nombre es Jordán y mi esposa Amanda queremos darte las gracias por lo que hiciste con mi hija Juanita ese día. Yo ya la andaba siguiendo y cuando entró a ese apartamento, yo llamé a la policía y como se tardó mucho en salir mi hija, dio tiempo a que la policía llegara y esperamos a que llegará mi hija con el sujeto y los aprendieron. Él ya tenía ante penalidades y lo agarraron con posesión de droga. A mi hija solo le encontraron $15.00 dólares y dijo que tú se los distes y que no tocaste a mi hija. Es menor de edad y no la arrestaron pero tiene que ir a corte. A ese hombre le esperan muchos años de cárcel."

Yo le dije, "Señor, le juro que yo no hice nada."

Él me dijo, "Lo sé y estoy muy agradecido por todo lo que hiciste." Me abrazaron y la señora me besó en la frente y me dijo,

"Toma este dinero que le distes a mi hija,"

Yo le dije, "No. Yo se lo di a ella."

Me dijo, "Toma por favor," pero eran $100.00 dólares.

Yo le dije, "Son sólo $15.00."

Me dijo, "Lo que hicisteis por mi hija no tiene precio."

Yo le dije, "Gracias," y me fui a trabajar.

Al final de la noche, les dije a mis compañeros de trabajo, "Ahora yo compro las Chelas." Pero en ese momento llegó mi patrón y me dijo, "Tony, ese señor me platicó lo que pasó y está muy agradecido. Me dijo que te cuide mucho y me dio su tarjeta de negocios. Es un doctor. Vive en Bel Air. Es una persona muy rica y les encantó la comida y dejó una gran propina. Así que tomen lo que quiera."

Esa noche comprendí muchas cosas que estaban afuera de mi poder, que sólo Dios hace posible. Ellos terminaron siendo unos muy buenos clientes y cuando venían a cenar siempre preguntaban por mí. Mi patrón estaba muy contento que esas personas fueran tan buenos clientes y me dijo, Un día te voy a gratificar."

Yo pensé, "OK."

Capítulo Seis

Después de todo esto, yo me puse a pensar, "El trabajo es muy cansado y mucha horas." Trabajábamos 78 horas por semana y ganábamos $120 dólares. Trabajábamos por salario, pero la hora salía como a $1.54, y no pagábamos renta ni comida. Entonces pensé, "Es mucha esclavitud y mucho trabajo pero si nos asociamos entre los tres, podemos lograr el sueño americano," que para mí era buen carro, dueño de casa, buen crédito, dinero en el banco y tu propio negocio, pero yo sabía que para eso se necesitaba aprender bien el inglés, la cultura de éste país tan rico y grande y unión.

Yo ya sabía bastante inglés, pero no todo. ¡Cómo me convertí en un gran aficionado del *baseball!* Me encantaba escuchar la voz de Los *Dodgers*, Vin Scully. Él fue mi mejor maestro. Narraba tan claro y tan informativo. Para mí, él no es la voz de Los *Dodgers*, sino la voz del *baseball.* Daba información de todos los jugadores; de donde eran, cuanto medían, nacionalidad, que les gustaba hacer y mucho más. Así que lo sabía todas esa cosas por él. Él fue un gran profesor para mí y el mejor reportero. También con un diccionario y practicando en mi trabajo, la música también me ayudó mucho.

Entonces, los tres hermanos nos unimos.
Artemio, Max y yo empezamos a poner
dinero en una cuenta. Después de tres
meses ahorramos $2,500. Se los
mandamos a mi padre. Él tuvo una gran
cosecha y vendió quince toros y pagó
todas sus deudas. Luego, compró un
tractor. Entonces, ya no necesitaba mulas
ni caballos y los vendió. Luego, mi
hermano Tiburcio compró una camioneta
Chevrolet en buenas condiciones. Después
de todo esto el rancho progresó mucho. Mi
papá ya no debía nada. Más bien, le
debían a él.

Tractor Nuevo

Nosotros seguíamos trabajando y
ahorrando. Yo saqué mi licencia de
conducir el día que cumplí 18 años, y al

siguiente día compramos un carro nuevo. Dimos la mitad de entré. Así que los pagos eran de solo $125.00 con todo. Seguro podíamos pagarlo todo, pero mi patrón me dijo, "Cómpralo a crédito y después lo pagas pronto y después vas a tener un buen crédito." Después de seis meses lo pagamos todo. Así que compramos carro nuevo y todo iba bien, pero siempre yo no estaba contento trabajando tanto.

Un día que fuimos al parque a jugar *baseball*. No fui con mi amigo Carlos, porque él se fue a México. Sólo fui con José y Joaquín Mayorga estando en el parque. Un señor nos preguntó, "¿No conocen tres hombres que necesiten trabajo?"

Como sólo yo hablaba inglés, le pregunté, "¿De qué se trata el trabajo?"

Me preguntó, "¿Tienes licencia de conducir?"

Le dije, "Claro que sí."

Me dijo, "Bueno. Tú serás el chofer de esa camioneta y te llevas dos empleados y van a un desierto en Riverside y piscan biznagas. Yo tengo una persona que te va a enseñar el camino. ¿Quieres empezar mañana? Aquí está mi tarjeta de negocio. Allí está la dirección."

Yo dije, "En nombre de Dios."

Los dos hermanos me dijeron, "Vamos a entrarle."

Yo le dije, "¿A qué horas empezamos?"

Dijo, "A las 4:00 AM."

Le dije, "Bueno, pues. Allí llegamos."

Ya no jugamos pelota. Yo fui a Marina del Rey donde trabajaba a avisarle a mi patrón. Llegué y le dije, "Que me perdonara, pero que ya no iba a trabajar en el Restaurante."

Me dijo, "¿Estás seguro?"

Le dije, "Sí. Es que quiero un cambio de trabajo."

Me preguntó, "¿Dónde es esto?"

Yo le di la tarjeta y el llamó por teléfono y comprobó y dijo, "Pues, es una buena oportunidad. Que te vaya bien."

Me fui a la cocina a decirle a Artemio y Max mis hermanos. Ellos se disgustaron, pero la decisión ya estaba hecha y me llevé mis cosas y me fui.

Capítulo Siete

Al siguiente día llegamos al nuevo trabajo y conducimos más de dos horas, hasta llegar al desierto cerca de Palm Springs. Eran las 6:30 AM y la temperatura estaba a 100 grados. Trabajamos cuatro horas o para las 10:00 AM. Ya estaba 115 grados. Era un infierno. Para regresar a Los Ángeles duramos 3 horas. Llegamos a la 1:00 PM. Nosotros pensamos, "Ya no volvemos porque nos podemos enfermar."

Pero cuando llegamos, el nuevo patrón nos recibió con mucho gusto y con comida, y cuando miró la carga, le dio mucho gusto y dijo, "Bien hecho," y me preguntó, "¿Aprendiste el camino?"

Yo le dije, "No, pero con otro día tengo para conocer el camino."

Me dijo, "Muy bueno."

Luego, nos pagó en dinero en efectivo. A los hermanos, Mayorga, les pagó $50.00 cada uno y a mí me pagó $70.00 y me dijo, "A ti, te voy a pagar más por que eres el chofer."

Le dije, "Gracias."

Fui con mis hermanos y les platiqué todo. Ellos ya no estaban enojados, solamente preocupados. Max era muy bromista y cuando le comenté lo que me pagaron me dijo, "¿Porque tanto espero que lo que piscan sea legal."

Le dije, "Si, son biznagas del desierto y es muy peligroso. La temperatura llega hasta los 120 grados y hay serpientes de cascabel y arañas peligrosas, y es por eso que pagan bien."

Me dijo, "Buena suerte con eso."

Me fui para la casa y cuando llegué, los muchachos me dijeron, "A celebrar."

Nos fuimos a la playa de Santa Mónica y tomamos y comimos. Después nos fuimos a casa. Llegamos a la una de la mañana y yo les dije, "Ya no vamos a dormir."

José dijo, "Sí. Hay que dormir. Yo tengo alarma y nos va a despertar a las 3:30 AM. Dijimos, "OK."

Nos fuimos a dormir, pero José no puso la alarma bien y no sonó. Yo desperté a las 5:30 AM. Empecé a gritar, "Levántense. Ya es tarde. Qué vergüenza. Yo nunca he llegado tarde a mi trabajo y ahora, ya estamos casi dos horas. ¡Vámonos!

Ellos dijeron, "No vamos." Yo les dije, "Yo sí voy."

Me dijeron, "Está bien, vámonos."

Nos fuimos rápido y allí estaba el chofer y el patrón y dijo el patrón, "Que bueno que llegaron aunque, sea tarde, porque se necesita el producto. Cuando lleguen con la carga de ahora, lo mandaremos a Detroit, Michigan. Ese producto lo usaban para la compañía de medicina para acné y espinillas."

Nos fuimos a las 6:05 AM y, a las 9:00 AM, llegamos al desierto. Nos bajamos en una área de descanso a lavarnos la cabeza con agua fría, porque la temperatura estaba a 115.

Nos subimos a la autopista. Ya solo nos faltaba una milla, pero al momento, nos paraba un carro sin marca. Nos paramos y para nuestra sorpresa, era la emigración. Yo no me había dado cuenta que no traía mi cartera ni tarjetas de crédito ni licencia de manejar y le dije al oficial, "Se me olvidó mi cartera."

Contestó, "Así dicen todos." Me esposó y luego también a los otros los esposó y el chofer decía, "No te lleves a Tony. El habla inglés."

El oficial le dijo, "Eso no importa."

Nos llevó a la oficina de Thousand Palms y luego nos trasladaron a El Centro, California. Y el mismo día, como a las 2:00

PM, nos echaron a Mexicali, México.

Capítulo Ocho

Era terrible. Yo no traía cartera y no traía dinero. José dijo que traía $15.00 dólares y Joaquín $10.00. Yo tenía muchísima sed y toqué una puerta de una casa. Pedí agua y una señora me correó y me insultó.

Yo le dije a José, "Préstame $5.00 dólares."

Me dijo, "Primero vamos a comprar los boletos de autobús y a ver cuánto cuestan."

Fuimos. Costaban $8.00 dólares cada uno a Tijuana y después de eso nos quedó un dólar, y nos fuimos para Tijuana. No comimos en todo el día y nos moríamos de sed. De suerte en el asiento conmigo iba un muchacho de mi edad. Empezamos a platicar y le platiqué lo que nos pasó y me dio $5 dólares.

En la primera parada en el pueblo de La Rumorosa nos bajamos del camión y les compré refresco a los dos hermanos. Aunque no habíamos comido, nos sentimos mejor. El refresco costó $1.20 por los tres. Luego, compramos tres manzanas a 0.75 por las tres y el resto lo guardé para hablar por teléfono .
Llegamos a Tijuana como a las 9 PM.

Llamé a Los Ángeles y como nadie tenía teléfono, tuve que hablar a la Hacienda Galván. Como no llamé por cobrar la llamada entró sin problema. Para mi mala suerte, mi ex patrón contestó el teléfono. ¡Qué vergüenza!

Yo no le dije nada. Sólo le pregunté por Max. Luego Max contestó y le dije que estaba en Tijuana y que no traía dinero ni Identificación. Me pregunto, "¿Dónde vas a dormir?"

Yo le dije, "En la calle."

Me dijo, "O no. Es muy peligroso. Esta noche aparenten como que van a comprar un boleto para viajar y duerman en la terminal de camiones."

Fue una idea muy buena y me dijo, "Llámame por la mañana a ver cómo te fue."

Esa noche dormimos en la central camioneta de Tijuana. Al día siguiente llamé a las 7:00 AM y Max contestó y me preguntó, "¿Cómo estás?"

Yo le dije, "Cansado y con mucha hambre."

Me dijo, "Ya ves, hermano. Más vale pájaro en mano que 100 volando."

Yo le dije, "Sí, pero por ahora no hay nada que hacer. Por favor, ayúdame. Dios y yo te vamos a pagar."

Él contestó, "Sí. Ya tengo todo listo. Mañana en la tarde el primo Manuel Orozco va a salir a Tijuana y te va a llevar la cartera y ropa limpia."

Yo traía puesto un *overall* amarillo, así que era muy distinguido. No podía esconderme de nadie. Así que los policías de Tijuana ya me traían en la mira y yo no podía permitir que me interrogarán. Esa noche ya no podíamos dormir en la estación de camiones. Pues mis amigos se regresaron ese día. Yo me quedé sólo.

Me encontré con unos muchachos y me dijo uno de ellos, "Te miré ayer que andas tratando de pasar."

Yo le dije, "Estoy esperando a una persona de Los Ángeles."

Me dijo, "¿Él te va a dar dinero?"

Le dije, "No. Sólo me trae ropa y otras cosas" en eso estábamos, cuando llegaron tres sujetos. Dos sacaron arma blanca, es decir navaja, y el otro sacó pistola y nos dijeron, "Camínele hacía allá."

Empezamos a caminar para el norte hasta

que llegamos a la línea de EEUU y luego dijeron, "Miran esos tubos de desagüe. Si quieren cruzar a los Estados Unidos pueden parar por allí. Los vamos a esculcar y les vamos a quitar lo que traigan."

Yo les dije, "Perdónenme, pero yo no traigo ni cartera."

Me dijeron, "Estás de suerte. Tú pareces ser honesto, así que métete a ese tubo y cruza."

Yo pronto me metí y empecé a caminar de rodillas, porque apenas cabía. Olía a drenaje y había ratas, pero como era de noche y estaba oscuro, no podía mirar nada. Solamente escuchaba el ruido de las ratas. Yo ya no supe que pasó con los otros hombres, pero escuché unos balazos. Yo trataba de caminar rápido pero el tubo estaba muy angosto. Yo sentía que me moría. Ya no podía respirar y no podía mirar nada, pero de repente, miré una luz de batería al lado Americano, y una voz en inglés. "Sal de allí rápido."

Él Americano tenía una batería en una mano y una pistola en la otra. Yo le decía, "No dispare."

Él decía, "Muévete."

Yo le decía, "No puedo. Apenas cabo en

este tubo."

Me decía, "¿No te regreses?"

Yo le decía, "No. Le prometo."

Con mucho trabajo, salí y al salir me dijo, "¿Dónde están los demás?"

Le dije, "Yo vengo solo."

Él dijo, "No te creo," y me aventó.

Me dijo, "¿Tu eres el coyote?"

Le dije, "No, oficial. Yo vengo solo."

Le platiqué lo que pasó y me dijo, "Tuviste suerte. Los otros ya deben estar muertos o heridos."

Yo le dije, "Gracias por creerme."

Me dijo, "Pareces honesto."

Luego amaneció y a las 6:00 AM nos echaron para afuera. Yo tenía mucha hambre y sed pero no tenía dinero. Ya tenía tres días sin comer y me sentía muy débil. Andaba tan sucio que nadie me quería ayudar. Apestaba a drenaje y pues nadie se me quería acercar.

Había una llantería y había muchas llantas viejas y allí me escondí hasta las

4:30 de la tarde, porque Max me dijo que a las 5:00 PM, mi primo me llevaría la ropa y mi cartera.

A las 5:15 de la tarde los miré llegar y como ya sabían que traía un *overall* puesto y el color muy alto era difícil de no mirarme. El traía a dos hijos y empezaron a gritar, "Allí está mi tío."

Capítulo Nueve

Cuando el carro se paró, me dio mucho gusto, tanto que me puse a llorar. Luego, me llevó a comer y luego fuimos al hotel más barato. El Hotel Imperial solamente cobraban tres dólares la hora o $15 dólares el día, pero yo solo necesitaba bañarme. Sólo pagamos $3.00 dólares. Después, pasamos la frontera sin ningún problema. Mi primo estaba muy cansado. Yo conducía hasta Los Ángeles sin ningún inconveniente. Llegué muy cansado y dormí muchas horas.

Al día siguiente fui a buscar trabajo en restaurante Americano llamado Tiny Neilors y me dieron el puesto, pero me encontré con un señor cocinero muy inseguro. Me preguntó, "¿Hablas inglés?"

Le contesté, "Por supuesto."

Yo miré que no le gustó y le dijo al manejador, "Pónganlo a limpiar caños de desagüe y refrigeradores."

Dijo el GM, "¿Estás seguro?"

Dijo, "Si."

Yo comencé el día siguiente, pero solo me dieron tres horas diarias, 18 a la semana y no era suficiente pero le aguanté.

A los tres meses Martín Galván le dijo a Max, "Ya es tiempo que Tony se ponga a trabajar bien. Yo tengo trabajo en la tienda de Santa Mónica y creo que le va a interesar."

Max le preguntó, "¿Cuándo empieza?"

Martín dijo, "Mañana."

Cuando miré a Max me dijo, "Ya tienes trabajo."

Le pregunté, "Dónde y cuándo?"

Me dijo, "Mañana y en Santa Mónica con Martín Galván."

Yo le dije, "Muchas gracias."

Al día siguiente empecé a trabajar. Era lo mismo que Hacía en Palisades. Para mí fue muy fácil. Todo iba bien. Ya casi acababa de pagar lo que me había atrasado de la renta, pero en octubre de 1976, un viernes, después del trabajo, dos amigos míos y yo fuimos a un antro donde tocaba un grupo de mariachis. Como me gustaba cantar con mariachis, solo tenía 18 años, pero siempre dejaban entrar a los antros.

Después de unas canciones y unas cuantas cervezas nos fuimos del antro. Íbamos a la casa y cuando iba conduciendo al límite, un hombre en una motocicleta se pasó una luz roja y le pegó a mi carro. Yo frené rápido pero no pude parar a tiempo. Yo me asusté mucho y me paré y le pregunté, "¿Estas bien?"

Me dijo, "Si, estoy bien. Perdón. Fue mi culpa."

Como yo iba tomado pues me dio miedo y les dije a mis amigos, "Bajen del carro y corran."

Se fueron corriendo y yo no sabía qué hacer y otra vez hice otro error y me fugué. No sabía lo que hacía. Fui con Max y Temo mis hermanos. Les platiqué y me dijo Max, "Pues, al principio no cometiste un crimen, pero cuando te fugaste eso si es un delito."

Pero le pregunté al señor que si estaba bien.

Me dijo, "Si, estoy bien. Fue mi culpa."

Max me dijo, "Sí, pero corriste y eso no es bueno. Toma este dinero y sal del país."

Agarré el dinero y me fui rumbo al sur.

Capítulo Diez

Llegué a Tijuana. Me instalé en un hotel y le llamé a Max. Eran las 4 de la mañana. Max estaba sin dormir y me dijo, "¿Dónde estás y cómo te fue?"

Yo le dije, "Estoy en Tijuana y me fue bien."

Me dijo, "Aquí, todo está bien. Nadie fue al hospital por accidente. No te preocupes. Mañana Juan Núñez va por el carro y te vas a mirar a tu madre que no te ha mirado en tres años."

Al siguiente día Núñez fue por el carro y me dio $300.00 dólares, que Temo y Max me mandaron. Me fui al aeropuerto y compré un boleto sin regreso. Solo había de primera clase. Me costó $80.00. Volé a Guadalajara y de allí, tomé el autobús a Tlaltenango, mi pueblo natal. Todo pasó tan pronto y tan de repente. Todo me parecía tan raro pero tenía mucho gusto que iba a ver a la mujer que me dio la vida y que yo adoraba. Nosotros tratamos que mama nos visitará a Los Ángeles, pero ella nos decía, "Sí quieren mirarme, tienen que venir a su tierra. Yo no voy a ningún lado."

Finalmente, yo la voy a mirar.

Llegué a Tlaltenango a las 7:00 de la noche. Mi hermana Carmela vivía en

Tlaltenango y me recibió con mucho gusto y me dijo, Mama y papá salieron hace dos horas para el rancho. Tú sabes que ellos viven en el rancho solos y yo vivo en Tlaltenango porque estoy trabajando con Chito Marques.

Yo le dije, "Voy por un taxi. Me voy al rancho. Me muero de ganas de ver a mi mama."

¡Qué ironía! El taxista que nos trajo a Tlaltenango del rancho me llevó al rancho. Yo le dije, "¿Se acuerda de mí?"

Me dijo, "Claro, eres El Niño que se fue al extranjero hace como tres años."

Yo le dije, "Tienes buena memoria."

Me dijo, "Algunas cosas nunca cambian."

Llegamos al rancho a las 9:30 y yo tenía muchas ganas de mirar a mi Mama, pero también tenía ganas de ver a Duque, mi amigo de mi infancia, pero yo no lo miraba. Duque era mi perro querido.

Cuando llegamos mis padres ya estaban dormidos. Toqué la puerta del pasillo y salió mi papá a mi encuentro y se sorprendió al mirarme. Me dijo, "Estuve con ustedes hacen dos meses y no me dijisteis que venías."

Yo le dije, "Sí, papá. Luego te platico. Ahora quiero ver a mi mama. ¿Cómo está?"

Me dijo, "Está bien, pero ya sabes que padece de alta presión y no le gustan las sorpresas. Mi papá me dijo, "¿No tienes un trago?"

Yo le dije, "No había licorería abierta."

Mi papá era un poco recio y me dijo, "Te falta mucho por aprender. La próxima vez no me llegues de sorpresa sin un trago."

En eso estábamos, cuando mi mamita despertó y dijo, "¿Quien vino?"

Se levantó de su cama y me miró. Empezamos a llorar los dos y me abrazó, me besó y me dijo, "Mi niño ingrato, ya regresasteis. ¿No sabes cuánto te lloré desde que te fuiste?"

Lloramos de gusto y después, me dijo, "De seguro tienes hambre. Mira. Tengo frijoles de la olla, tostaditas, salsa roja de tomatillo y queso recién hecho." Yo abrazaba a mi mama como si fuera un niño y luego me dio de cenar. Fue la mejor comida que había tenido en tres años. Después, llegó mi papá, que había ido a buscar un trago y le ofreció a mi mama un trago de tequila y mi mama dijo, "Tómatelo tú. Yo ya tengo lo que más quiero, mi niño chiquito."

Después, me preguntó de mis hermanos y mi hermana Julia. Yo le dije, "Todos están bien."

Ya era muy tarde y nos fuimos a dormir.

Yo dormí como un niño y al día siguiente, mama me despertó a las 6:00 AM y fuimos a ordeñar. Yo con el gusto que tenía, ni cansado me sentía. Después nos dio de desayunar. Comimos chile con huevo jocoque y tortilla recién hechas. ¡Muy sabroso!

Luego, me preguntó, "¿Porque había venido?"

Le platiqué todo y después que le platiqué todo, me dijo, "Ya no te vas a regresar para atrás, verdad?"

Yo le dije, "Pues, no lo sé."

Se puso triste. Mi mama y yo platicábamos mucho. Yo le pregunté, "¿Qué pasó con Duque?

Ese fue mi hermoso perro, muy educado y mama me platicó de la fea muerte que tuvo. Ella estaba en una casa vieja en el rancho. Duque entró por una puerta abierta y ella no lo miró. Lo encontró dos semanas después, muerto del calor y la falta de comida y agua. Los dos sollozamos. Luego, le platiqué todo lo que aprendí y lo que hacía y le platiqué todo. Ella me decía, "¿Cómo piensas abandonar esa vida?"

Yo le dije, "Fácil. Voy a abandonar todo eso por ti porque para mí estar contigo es lo que más disfruto."

Yo la abrazaba y la apapachaba y me decía, "Si tú te vas yo me muero."

Se ponía triste y yo me preocupaba. Para que no se preocupara le dije, "Mira. Para que mires que te digo la verdad, tengo algo de dinero que me sobró de lo que me dieron los muchachos. Voy a abrir la tienda para ponerme a trabajar."

Me respondió, "¿De veras?"

Yo le dije, "Claro."

Ella se puso muy contenta pero yo no la miraba bien y le dije, "Te voy a llevar al doctor."

Me dijo, "Está bien."

Nos fuimos y el doctor la consultó y le dijo, "¿Tienes algo que te preocupa?"

Ella respondió, "No, estoy muy contenta con mi hijo y en tres semanas vienen mis otros hijos; Julia, Temo y Max."

El doctor dijo, "Ah. Ya lo veo. Tienes mucho gusto. Yo te voy a dar una medicina que te relaje."

Yo pensé, "Eso está bueno."

Este doctor estaba en Momax, Zacatecas.

Nos fuimos para Tlaltenango, que estaba como a 15 o 20 kilómetros, y cuando íbamos, me dice mama, "Que no vamos al rancho."

Yo le dije, "Te voy a llevar a Tlaltenango para que descanses y te mejores."

Me dijo, "¿Y el rancho? Tu sabes que no puedo dejar el rancho solo."

Yo le dije, "No te preocupes. El carnal, Chente y yo, nos vamos al rancho."

Ella preguntó, "¿Y quién va a ordeñar?"

Le dije, "Nosotros, y mi hermana Dolores, que haga el queso."

Dolores vivía en el mismo rancho, pero no en la misma casa.

Dijo, "Está bien."

Capítulo Once

Chente y yo nos fuimos al rancho, pero al
día siguiente cuando veníamos de ordeñar
las vacas, miramos un carro de sitio se
parqueó en frente de la casa. Nosotros,
corrimos a ver quién era. Miramos que era
el mismo taxi que me había llevado a mí al
rancho y nos dijo, "Dice tu papá que se
vayan de inmediato a Tlaltenango porque
su mama se puso muy enferma.
Brincamos a la camioneta y nos fuimos a
Tlaltenango y cuando llegamos, mi mama
había muerto.

Yo no lo creía y me volvía loco. Yo le decía
llorando, "Mama, despierta, despierta, por
favor."

Mi papá me dijo, "Ya vino el doctor y nos
dijo que ya había muerto. Yo voy a
arreglar lo del funeral. Tu ve a avisar a
todos tus hermanos."

Yo me fui como loco. Primero le hablé a
Lalo en Monterrey México y luego a Max
y como le decía, esta tragedia era de lo
peor, pues me llené de valor y le llamé y le
dije, "Hermano, te tengo una mala
noticia."

Como yo les había causado tantos
problemas, me dijo, "¿Ahora, que
hicisteis?"

Yo le dije, "Ojala que fuera yo pero no. Es mi mama. Lo siento mucho pero mi madre murió."

Él se puso muy triste y me dijo, "Yo me encargo de avisar a todos y ahora vamos a tratar de agarrar boletos de avión."

Ellos trataron de cambiar los boletos que tenían para viajar el dos de enero pero no pudieron y no había vuelo en diciembre y decidieron tomar el autobús. Por esa razón no alcanzaron el funeral y eso fue más triste. Después la vida sigue y juntos podíamos superar el dolor.

Sin embargo, tuvimos que enterrar a mi mama sin ellos y luego, al día siguiente como a las 12 del mediodía, llegaron todos mis hermanos que vivían en los Estados Unidos. Fue una cosa muy triste mirar todos mis hermanos juntos. Por la primera vez en nuestra vida estábamos los 10 hermanos. Mi abuelita tenía más de 85 años y era muy fuerte y nos dijo, "Hijos, no lloren. Ya dejen que descanse su alma." y de algún modo, eso nos dio mucha fuerza.

Después de unas horas, nos fuimos a una propiedad llamada Con Pedro. El dueño era Tiburcio mi hermano. Ahí asamos elotes y comimos todos debajo de un Mesquite.

Al siguiente día, todos nos fuimos a
trabajar al campo y como el trabajo era
tan duro nos ayudaba a seguir para
adelante. Después de nueve días Lalo mi
hermano se regresó a Monterrey, México,
donde vivía con su familia.

Capítulo Doce

A los pocos días, Tiburcio y yo nos regresamos a Los Ángeles, California. Yo le había prometido a mi mama que yo no la iba a dejar mientras tuviera vida, pero la vida se le acabó y yo la extrañaba mucho. El recuerdo de todo a mí alrededor me mataba y decidí regresar a los Estados Unidos.

Yo llegué a los apartamentos Los Coloniales y a mí me daba mucha pena ir a buscar trabajo con Los Galván. Por suerte el Sr. Ramón me visitó y me dijo, "Si quieres trabajar conmigo tengo trabajo para ti y ya cuando regrese Temo y Max ya miraremos."

Yo continuaba con mi adicción del alcohol y no me sentía bien. Yo estaba muy agradecido con Don Ramón porque, aparte de darme trabajo, también me prestó $500.00 dólares y fue una gran ayuda. Luego me acordé lo que él me había dicho que algún día me iba a recompensar. (Vea a la página 116.)

Como al mes más tarde regresó Temo y Max. Mi patrón me dijo, "Pues, ya llegó Max y Temo y ya no tienes trabajo en la cocina pero te voy a dar trabajo de cantinero."

Yo le dije, "Pero no conozco los diferentes

licores."

Me respondió, "Eso no es problema. Tu eres listo y pronto te los vas a aprender."

Me pareció muy bondadoso de su parte y le dije, "Muchas gracias y aunque es un gran reto para mí, no lo voy a defraudar."

Empecé a trabajar en la barra y los clientes me recibieron muy bien y me querían mucho. Yo tenía tantos nervios y con el estrés empecé a perder peso. Luego, empecé a jugar *baseball* en la liga Mexicana Andrés Mora y empecé a practicar todos los días en el parque Mar Vista en West Los Ángeles.

Capítulo Trece

Después de unos días estando practicando llegó un señor y al mirarme jugar la tercera base al terminar la práctica me dijo, "¿Estás jugando para un colegio o donde juegas?"

Yo le dije, "No, yo juego en una liga de principiantes que se llama Andrés Mora."

Él me dijo, "Tienes un brazo impresionante. Yo soy Jack."

Le dije, "Yo soy Tony."

Me dijo, "Yo jugué para la organización de Los Cardenales de San Luis y me gustaría ser tu entrenador personal."

Le pregunté, "¿Y cuánto me cobraría?"

Él me dijo, "No te cobraría nada. Sólo quiero sacarte todo el talento que tengas ."

Desde ese momento en adelante todos los días practicamos 6 días por semana de 8 a 10 de la mañana. Yo todavía tenía adicción al alcohol y un sábado llegue 5 minutos tarde y Jack estaba furioso y me dijo, "Llegaste tarde y seguro que tomaste mucho anoche. Mira cómo te miras. Ahora no hay práctica. Y sólo vas a correr alrededor del parque y lo vas hacer por 1 hora."

Me puse a correr una hora. Después me dijo, "Sí vas a seguir tomando yo no te voy a entrenar más."

Me fui a trabajar y cuando mi patrón me miró me preguntó. "¿Estás bien?"

Yo le contesté, "Sí,"

Me dijo, "Te miras cansado."

Le dije, "Si, sólo que Jack me esforzó a correr por una hora y como el corría maratón.

Me dijo, "¡O, qué bueno! Ya tengo compañero para correr."

Le dije, "Ya miraremos."

Luego a los pocos días me dijo, "Va a haber una carrera de 10 kilómetros en Santa Mónica. ¿Te gustaría correr?"

Yo le dije, "Está bien."

Se llegó el día de la carrera 10-K y cuando llegamos a Santa Mónica mi patrón me dijo, "Los mejores corredores empiezan al frente. Tu vete hacia atrás."

Como siempre me ha gustado el reto yo empecé al frente y al disparo, corrí con los mejores. Como nunca había corrido, no tenía experiencia. Corrí al 100% y después de un rato yo ya me había cansado y dije en voz alta, "Ya voy a parar porque me voy a morir."

Un corredor me dijo, "¿Vas a parar después de 51/2 millas?"

Pensé, "Sólo me falta ¾ de milla."

Tuve mucha adrenalina y empecé a correr más fuerte y terminé muy fuerte. Terminé 12 de 3,000 corredores. Luego, después de 15 minutos, mi amigo me encontró y me preguntó, "¿Terminaste?"

Yo le dije, "Si terminé."

Me dijo, "Yo fui el 386."

Yo traía el número 12 en mi espalda.

Me dijo, "No puedo creer. Fuiste el número 12 de 3000 personas. Te felicito."

Le dije, "Gracias por invitarme."

Después de ese día comencé a correr todos los días. Corría 80 millas cada 5 días y el sábado corría con mi patrón 26 millas. Corríamos desde Marina del Rey a norte de Hollywood y de regreso a Culver City.

Ya no tenía la adicción del alcohol.

Abandoné el vicio de fumar y tomar, con todo lo que corría y ejercitaba perdí 40 lb. Tenía una muy buena condición y cuando corríamos mi patrón y yo, me ponía pesas de 3 kilos en cada pie para tener la misma ventaja y así corrimos por mucho tiempo. Estaba muy contento porque yo no tomaba y no fumaba. Practicaba *baseball* en la mañana y corría por las tardes.

Un día pensé investigar si podía comprar una casa. Yo tenía 19 años y tenía buen crédito y me asocié con mis hermanos Artemio y Max. Compramos una casa en Hawthorne California y nos mudamos a Hawthorne y como mala suerte a los dos días que firmamos los papeles de la casa cerraron el restaurante donde trabajábamos todos y nos quedamos sin trabajo.

Capítulo Catorce

Pero como dice el dicho, "No hay mal que por bien no venga," mis hermanos empezaron en un Restaurante Italiano llamado, "Perris Pizza" a las dos puertas de la hacienda Galván en el mismo mall. Ellos comenzaron con mejor sueldo y menos horas y estaban muy contentos.

A mí me llamó por teléfono un Señor por nombre Alfonzo Venegas y me dijo, "Yo iba a comprar el Restaurante de tu patrón pero lo cerraron y yo compré otro diferente. Está en Century City y se llama Casa Margaritas. Me gustaría que me ayudarás."

Yo le pregunté, "¿Cuándo comienzo?"

Él me dijo, "El viernes de la semana que entra, pero preséntate el jueves para que mires el trabajo."

Yo andaba muy contento porque aunque fueran dos días estaba muy bien. Al siguiente día fui a visitar la compañía donde trabajaban mis amigos. Ellos fueron clientes de la Hacienda Galván y cuando entré a la oficina una señora muy distinguida me recibió y antes que preguntara por alguien me dijo, "Bienvenido Tony hasta que te decidiste trabajar para Rolatape."

Yo me sorprendí mucho porque yo nunca
había mirado esa Señora tan simpática y
fina persona. Yo me quedé callado y luego
me dijo, "Ahora llamo a Mickey para que
te contrate."

Yo me quedé sin hablar.

Luego Mickey entró y me dijo que pasó,
"Tú me dijisteis que nunca trabajarías
para Rolatape."

Yo no podía decirle la verdad... que sólo
iba a visitar.

Luego me dio un paseo por toda la fábrica
y como todos los empleados de Rolatape
me conocían porque eran clientes de la
Hacienda Galván.

Todos me decían, "Nos trajiste
margaritas," y otros me decían, "¿Dónde
están los tacos?"

Tony trabajando en la línea de ensamble

Yo solo sonreía.

Yo les dije, "Voy a trabajar con ustedes."

La noticia no fue agradable para todos pero menos para el director de ensamblar unidades como no lo consultaron que iban a tener otro empleado. Su nombre era Jim Reilly. Él se dirigió a la oficina de enfrente y se tardó mucho rato. Luego regresó. Estaba muy disgustado. Le preguntó a Mickey, "¿Porque no me dijiste que Tony iba a trabajar con nosotros?"

Mickey le contestó, "Como te decía yo no sabía sólo que La Señora Evans me dijo contrata a Tony."

Luego dijo, "Yo no necesito a nadie en el departamento del modelo 400s."

Mickey le dijo, "Él va a empezar en el departamento MM 12."

Dijo, "OK."

Yo empecé a trabajar al siguiente día. Me gustó mucho el trabajo. Tenían muy buenos beneficios, seguro médico, 23 días festivos al año, 10 días de descanso por enfermedad y dos semanas de descanso en Navidad y año nuevo.

Mi portafolio aumentó un 50% porque en

Casa Margaritas ganaba un % de 1200.00 al mes y Rolatape 800.00 al mes. Eran 2000.00 al mes.

Tony trabajando en una conferencia The World of Concrete en Guadalajara, México

Yo todavía jugaba *baseball* los domingos y corría maratones los sábados. Mi hermano Artemio me llevaba a santa Mónica California y me regresaba corriendo a Hawthorne eran como casi 27 millas.

Después de un año conocí a una señorita por nombre Josefina. Su familia le decía Chepa y su hermano Reyes Chepina. La conocí en un cumpleaños de mi hermana Carmela. Ella me pareció diferente a las muchachas que conocía y me encantó. Como era entonces de alguna manera, le pedí si podía ir a la tienda conmigo y me dijo, "Está bien."

Me dio mucho gusto que pudiéramos estar solos y no perdí tiempo. Le dije que era muy bonita y que me gustaría salir con ella. Me dijo, "No lo sé por qué mi papá es muy estricto y mi hermano muy corajudo."

Yo le dije, "Yo puedo hablar con ellos."

Me dijo, "No lo sé."

Ella era muy bonita, bajita y delgada.

El día que la conocí no traía su cara pintada. La conocí muy natural y no me dio un "sí" ni un "no."

Al tercer día fue cumpleaños de mi prima, Alicia. Ella es la hermana de Armida y como éramos muy cerca, me invitaron al cumpleaños.

Al llegar saludé de mano a todos. Yo era muy atento con todo mundo. Luego miré a una hermosa dama con un vestido muy bonito, color crema, unos zapatos de tacón alto, también color crema, con el pelo muy arreglado y su cara muy bien pintada. Se miraba como de película y yo pensé, "Que mujer tan bonita y elegante."

La acompañaba una niña como de cinco años. Ella aparentaba unos 25 años y pensé, "Será que es casada y es su hija." Esa niña yo trataba de conversar con ella pero era difícil. Pero ella fue a la cocina y yo no perdí la oportunidad de hablar con ella. Cuando me acerqué a ella pensé que mujer tan hermosa pero me parecía conocida, pero pensé si yo la hubiese conocido, no la hubiera olvidado.

Bueno yo le pregunté, "¿Esa niña es tuya?"

Me contestó con una sonrisa, "Claro que no."

Luego la niña me hizo un gesto. Yo le dije, "O perdón."

Luego me dijo, "El lunes cuando regresaba de tu casa me encontré un gran ramo de rosas hermosas."

Luego me di cuenta que era la misma persona. Yo pensé, "Dios mío." Ya me quemaba.

Luego le pregunté, "¿Entonces que me vas a decir que "sí?"

Ella me dijo, "No lo sé. Ya te dije le tengo miedo a mi papá y a mi hermano."

Luego le dije, "¿Me puedes dar tu número de teléfono?"

Me dijo, "Está bien pero si yo no te contesto, cuelgas."

Yo le dije, "Está bien y muchas gracias por confiar en mí."

Después de unos días de mirarnos escondidos, nos mirábamos afuera de la casa de su hermano como él trabajaba los domingos. Pero un domingo le dije, "Vamos al parque un momento."

Ella me dijo, "No, porque sí regresa mi hermano y va a mi casa a buscarme y no me encuentra se va a enojar."

Yo le pregunté, "¿A qué hora sale del trabajo?"

Me dijo, "A las cinco."

Yo le dije, "O venimos pronto."

Ella me dijo, "Está bien."

Ese domingo nos fuimos al parque en mi carro pero después de unos minutos me dijo, "Perdóname pero tengo pendiente que salga temprano mi hermano del trabajo y no me encuentre."

Yo le dije, "Como quieras."

Regresamos a casa de su hermano y al llegar ya nos estaba esperando. Su hermano estaba muy enojado y dijo, "¿Dónde estaban?"

Josefina le dijo, "Fuimos al parque un ratito."

Su hermano dijo, "¿Y quién te dio permiso?"

Luego se dirigió a mí y me dijo, "Y usted no tiene pantalones para hablar con mis padres. Ellos no saben que usted pretende a mi hermana."

Yo le dije, "Tienes razón pero por favor no le hagas daño a tu hermana por que fue culpa mía pero yo te aseguro que entré ella y yo no pasó nada."

Él contestó, "Más te vale."

Ellos se metieron al apartamento y yo me fui derechito a la casa de Josefina para hablar con sus padres.

Llegué, toqué la puerta y salió una Señora muy amigable y me dijo, "¿Que desea?"

Yo le dije, "Deseo hablar con los padres de Josefina."

Ella me dijo, "Está bien. Pase por favor."

Al entrar, me dijo, "Yo soy la mama. En un momento viene mi esposo."

Yo estaba muy nervioso. Muy pronto llegó un Señor de estatura mediana, moreno y un gran bigote, muy bien vestido y con tejana.

Luego me dijo, "¿Que se le ofrece?" con una vos alta y recta.

Y yo a lo que iba, les dije, "Vine a dos cosas. Primero a disculparme porque yo he estado pretendiendo a su hija Josefina y luego también a pedirles permiso para mirar su hija."

Don Trino el Papá de Josefina se me quedó mirando con una mirada fija y luego dijo, "¿Y ella está de acuerdo?"

Yo le dije, "Sí, Señor."

Me dijo, "Me da gusto que tengas tamaños como para venir a hablar con nosotros.

Yo le dije, "Cuando se quiere, se puede y yo le tengo un gran cariño a su hija."

Luego me dijo, "¿Tu sabes que sólo tiene 17 años y te voy a dar permiso solamente para que la vengas a ver a la casa para que se conozcan. Ya después Dios dirá."

Yo me levanté y le di mi mano y le dije, "Muchas gracias Señor. Le prometo que no lo voy a defraudar."

Y dijo, "Así lo espero."

Yo me despedí y me retiré.

Ese día en la noche regresé para mirar a esa bella mujer en su casa por primera vez.

Capítulo Quince

Yo llegué y toqué la puerta y luego salió Josefina y le pregunté, "¿Cómo te fue con tu hermano?"

Me contestó, "Bien. El me trajo a la casa y se dio cuenta que tu hablaste con mis padres."

Y así nos conocimos pero nunca salimos a ningún lado solos.

Por otro lado en mi mundo deportivo yo ya no tenía mi compañero de correr. Ray se movió a San Diego, California. Yo seguía corriendo seis millas por la mañana y 15 por la tarde, cinco días por semana. Sábado y Domingo jugaba *baseball*. Yo jugaba en la liga Mike Brito, una liga para buscar talento. Yo jugué con muchos jugadores de ligas mayores y batié de hit contra pitchers de grandes ligas. Pero un sábado que no jugué *baseball* corrí 26 millas y el día antes 21 millas. Al terminar de correr se me hinchó la rodilla, y al siguiente día no pude correr.

El lunes siguiente fui al doctor y me dijo que mi rodilla había perdido líquido y que con eso todo iba a cambiar, que reposara mi rodilla y deje de correr por algunos meses y tampoco jugué *baseball*.

Después de un año y medio de haber

conocido a Josefina le propuse matrimonio
y cuando me dijo que sí me dio mucho
gusto y empecé a buscar casa para vivir.
En la primera casa vivía Julia, Carmela,
Max y Temo, así que, cuando les dije que
me iba a casar, me preguntaron mis
hermanos y hermanas, "¿Y cuándo te
cases vas a vivir en esta casa?"

Yo les dije, "Claro que no. Yo ya ando
buscando casa, así qué no se preocupen.
No tienen que moverse y no me voy a
llevar ni un mueble, aunque yo los
hubiese comprado."

Como al mes después compré la casa,
también en Hawthorne, California, y a
los dos meses, nos casamos. Nuestra boda
fue en la casa nueva.

Nos fuimos de luna de miel a Carmel,
California y todo fue muy bello. Después
de un año, nació nuestra primera hija,
que lleva por nombre María Olivier. Era
una niña preciosa, muy huerita. Todos los
tíos y tías la querían mucho.

Luego al año nació otra hija. Le pusimos
Diana, también muy hermosa.

Yo seguía con dos trabajos, Rolatape y
Casa Margaritas. Me iba muy bien y
vivíamos muy bien.

Pero un día tuvimos una junta en

Rolatape y nos dijeron que la compañía se iba a mover de Los Ángeles, California. Fue muy difícil la decisión porque los recursos de Casa Margaritas eran 66 % por mes. Sin ese trabajo parecía imposible pero nos decidimos que sí Rolatape nos daba la oportunidad de movernos a Spokane, Washington nos moveríamos con ellos.

La compañía tenía 33 empleados y sólo doce fuimos invitados con la compañía. El 23 de Junio en 1983 llegamos a Spokane. Fue muy difícil conducir en un carro chico con dos niñas pequeñas, mi esposa, mi hermana Carmela y yo.

Cuando llegamos a Spokane fue un gran cambio. No conocíamos a nadie, no parientes cercanos, pero todo lo superamos.

Luego, ocho meses después, nació el tercero de la familia. Fue un varón y lo nombramos Orlando.

Capítulo Dieciséis

Yo sabía que cuando vienes a otro país que no es tu tierra natal habían cuatro cosas muy importantes para seguir adelante;

1) aprender la nueva lengua
2) trabajar duro
3) pagar impuestos y
4) respetar las leyes.

En 1986 gracias a Dios pude lograr todo. Así que cuando llegó la amnistía que el gran Presidente Republicano Reagan, yo fui aprobado legalmente con derechos a ciudadanía, tal la logre 5 años después. Después de algunos años en este país aprendí bastante de civismo y estaba bien enterado de muchas cosas de la historia Americana, así que pase el examen de ciudadanía al 100% gracias a Dios y así fui otorgado los derechos más grandes del mundo;

1) tener pasaporté Americano
2) poder votar
3) servir a este gran país y gracias a Dios pude salir adelante y ayudar a salir adelante a muchos humanos porque en los últimos 29 años he creado cientos de empleados, es decir pagadores de impuestos.

Después de cuatro años, como no había

restaurantes Mexicanos auténticos,
decidimos abrir un restaurante Mexicano
al que nombramos Burrito King. Lo
abrimos el 20 de abril de 1988. Éramos
tres socios; Félix Cabrera (esposo de mi
hermana Carmen), Julia mi hermana y yo.
Fue una gran experiencia. Nos fue muy
bien. Teníamos mucha clientela. Max era
el encargado de la cocina y lo hacía muy
bien, porque tenía doce años de
experiencia en la comida Mexicana.

Tony y Max al abrir Burrito King

Después de dos años Félix se separó del
negocio y abrió su propio restaurante y lo
llamó Chapala Mexicano Restaurante y le
fue muy bien. Luego en junio 1991
abrimos el segundo restaurante Mexicano
por nombre Las Chavelas en Coeur
d'Alene, Idaho. Mi hermano Artemio se
movió a Spokane y él se encargó de Las
Chavelas. Nos fue muy bien. Luego, a los

seis meses, abrimos la tercera locación en Post Falls, Idaho. Para entonces, ya tenía más de 60 empleados. El sueldo de mis empleados era bastante bien. Yo les pagaba más del mínimo y por eso tenía muy buen equipo.

Luego, al año y medio, compré un local en Spokane y a los seis meses lo abrimos. Fue el más caro porque compré el local.

Compré un restaurante in Sandpoint, Idaho, como a una hora y media de retirado. Ese fue mi primer error. Fue muy difícil administrarlo por la distancia y lo pasé a mi sobrino Israel Viernes.

Tuve una pérdida de más de $100,000.00 cien mil. Días después de eso, tuve una crisis en el negocio. Eran muchas las responsabilidades y empezamos a tener problemas monetarios. Las ventas bajaron y como los sueldos de los empleados estaban un poco alto, empecé a tener problemas finánciales.

Luego vendí la locación de Post Falls y con ese dinero pagué algunas deudas pero no fue suficiente y vendí mi joya preciosa, Burrito King. Eso me dolió mucho y me puse muy deprimido pero me controlé. Al año después, vendí el negocio y la propiedad en Spokane. Era el negocio de la Trent y Pines. Ahora se llama Dos Amigos.

Capítulo Diecisiete

Después de 10 años sin encargar un bebe mi esposa se embarazó y el 19 de noviembre en 1993 nació la cuarta y última hija, su nombre Vanessa. Una niña adorable y muy inteligente.

Las cosas estaban todavía difíciles y sólo tenía una locación. Luego Max murió. Fue una pérdida familiar muy grande y muy dolorosa. Él era uno de mis hermanos favoritos. Ya habíamos perdido a mi Papá, Tiburcio, Eulalio y Lola. Me dolieron mucho, pero cuando yo vine a este país Max me ayudó con todo tocante a dinero y de eso nunca me olvido de quien me da la mano. Después de esto, solo teníamos un negocio Las Chavelas en Coeur d'Alene, Idaho.

Gracias a Dios y los clientes que no me han dejado sólo, porque Las Chavelas tienen una clientela hermosa, generosa y leal. Ellos han estado conmigo en las buenas y en las malas. El 80% me habla por mi nombre y yo estoy muy agradecido.

Luego, después de 10 años, ya no teníamos deudas y teníamos unos ahorros. Salió la oportunidad de comprar el negocio de un deli restaurante. Está en el mismo sitio de mi primer negocio Burrito King.

Las personas que abrieron ese negocio ya no podían con él. Estaba muy ocupado y decidieron venderlo.

Los dueños ampliaron el local un 40% más grande y está muy decorado. Parece como un restaurante griego.

Con la clientela que tiene y la renovación el dueño pidió más de $100,000 dólares al contado. Fue una decisión muy grande pero después de seis meses de negociaciones, finalmente lo compré.

En la primera semana de febrero tomamos posesión del negocio. Mi decisión de comprarlo fue basada en que Rolatape se había vendido a Stanley Tools y la compañía se movía a la India, fuera de los EEUU, y como la fuente de ingresos más grande para mi casa provenía de Rolatape. Así qué fue un golpe muy grande para mí y trataba de remplazar alguna fuente de dinero comprando Casey's Place. Fue un gran reto, creo que uno de los más grandes en mi vida y muy duro para mi esposa Josefina, porque ella iba a ser la encargada del negocio.

Entonces ella pasó todo un mes antes de tomar posición aprendiendo el negocio pero no fue suficiente porque eran diferentes ensaladas, sopas, especialmente la sopa de papa, algunos sándwiches.

Al tomar posesión con el fin de mantener todos los trabajadores que tenían experiencia se les dio un aumento de sueldo de 10% pero algunos no les gustó el cambio de dueños. Una de las empleadas que ahora es la manejadora general fue muy leal desde el principio. Ella sabía el negocio de servicio al cliente muy bien.

Luego, hubo unos cambios como nuevas computadoras, cortinas para el sol, nuevas butacas, y el negocio subió un 20%. Luego los empleados se empezaron a rebelarse y a desobedecer a mi esposa y entró en un ataque de nervios y como yo trabajaba en Rolatape, no podía ayudarle.

Entonces hablé con mi hija Diana y ella me dijo, "Voy a tomar un permiso especial de ausencia temporal." Ella trabajaba para la aerolínea US Airways en Pittsburg, Pensilvania.

Ella aprendió muy pronto y fue un relevo muy grande para Josefina. En la primer semana Diana despidió a uno de los empleados más problemáticos y tuvo una junta y les dijo, "Mi papá ha sido muy generoso con todos ustedes y algunos de ustedes no se saben portar bien. Así despedí a ese empleado."

"Lo mismo les pasará a todos los que no

respeten a Josefina porque ella es la
dueña y si algunos de ustedes no quieren
trabajar para nosotros pues para afuera.
Pero sí ustedes hacen su trabajo bien,
Josefina los gratificará"

Casey's ya era uno de los mejores empleos
en el Valley de Spokane y los empleados se
calmaron y fue un poco más fácil para
Josefina manejar el negocio.

Luego, hicimos algunos cambios de nuevo.
Abrimos los sábados y algunos días
festivos y así creamos más horas para los
empleados. Teníamos un equipo de
empleados de nueve y todos tenían casi la
misma cantidad de horas y todos bien
pagados.

Estábamos bastante ocupados y sólo
abrimos seis días por semana de 10 AM a
3:00 PM, es decir solo lonches.

Diana regresó a su trabajo y luego poco
tiempo después Rolatape cerró las puertas
en Spokane. Fue una gran pérdida para
nuestra familia. Ya no teníamos seguro
médico después de 26 años pero pagamos
un seguro médico para mis hijos, mi
esposa y yo.

Yo pensé que, sin el trabajo de Rolatape,
estaría muy difícil, pero como me dediqué
a mi negocio duramente, gracias a dios, el
negocio subió un siete por ciento y eso

ayudó mucho económicamente.

Luego después de un par de
años abrimos el sexto y último negoció en
la locación Post Falls, Idaho.

Yo tenía un sueño de abrir un restaurante
bar grande de comida Americana de carne
rojas y marisco y en 26 de diciembre,
2006 abrimos un local bastante grande.
Se tomó 6 meses de remodelación y
después de cientos de miles de dólares,
abrimos en los últimos de diciembre del
2006.

Blue Bay fue muy bonito y muy grande,
casi doce mil pies cuadrados, con
capacidad de 300 personas en el bar y
otras 180 en el comedor. Servíamos
almuerzo, comida y cena a las horas de
servicio de 6:00 AM a 2:00 AM, es decir
que se abría a las 6:00 AM para el
almuerzo y la barra se cerraba a las 2 AM.
También teníamos música en vivo los
fines de semana con un total de 80
empleados incluyendo cantineros, meseros
y meseras, cocineros, lavaplatos,
mantenimiento y un manejador general y
yo.

Yo abría a las 6:00 AM y trabajaba hasta
las 10 o 11 de la noche, es decir 16 a 17
horas Al día. Mi sueño se convirtió en una
pesadilla y sólo estuvo abierto por un año.
Eran muchas las pérdidas y se me acabo

el capital y después de una gran pérdida lo cerré. Este fue uno de los más grandes errores de mi vida. La economía estaba muy mala en todo el país y Post Falls no fue una excepción.

Luego me dediqué a reparar los daños y traté de irme a banca rota pero luego pensé sí los bancos e instituciones me prestaron dinero en buena fe hay que pagar. Al mirar los libros después de clausurar el negocio me di cuenta que la pérdida era millonaria y que, después de lo que se perdió personalmente, todavía debía más de $600.000 dólares. Me dio mucho pánico pero luego pensé, "Bueno pues, las pérdidas son muy grandes, pero gracias a Dios todavía tengo dos negocios, Casey's Place y Las Chavelas y todavía estoy con vida aunque después de estar en el hospital seis meses atrás. Así qué tengo que formar un plan para salir de esto."

Luego me comuniqué con una compañía de consolación de deudas y negociar pagos. Eran 13 bancos a los cuales les debía. La suma más pequeña restaba $13,000 y la más grande $100,000 dólares.

Ya luego figuraron que un pago de $4,840.00 por mes. Por seis años y medio pagarían la gran suma de más de $500,000 mil dólares. Comencé hacer los pagos.

En 2013, mi hermano Manuel se murió de la apéndice. Solo quedamos tres hermanos y dos hermanas.

El 5 de octubre del 2014, finalmente fue mi último pago a las compañías financiaría y bancos gracias a Dios, ya que, las cuotas se me hacía imposible. Y comprobé que no hay deuda que no se cumpla ni plazo que no se venza.

Al salir de este gran compromiso me dio mucho gusto y comprendí que Dios es más grande de lo que pensamos y que él siempre está con nosotros porque durante estos seis años y medio, aunque tenía tantos compromisos, prometí ayudar a un proyecto en México, mi tierra natal, y lo he logrado y no sé ni cómo.

Hoy en día sigo haciendo ejercicio en el gimnasio y sigo practico el baseball después de más de 40 años, y 20 serie mundiales en Phoenix del baseball MSBL, esperando el 25 aniversario de las Chavelas en Coeur d'Alene, la misma locación por ese gran tiempo y por eso pienso, "Para mí, Dios es mi héroe escondido."

Epílogo

Después de 33 años sigo viviendo en Spokane, Washington con mi esposa y mi hija menor Vanessa y dos hermosos perros Autumn y Teddy. Sigo trabajando en Caseys en las mañanas y Las Chavelas en las noches. También gracias a Lupe Galván sigo haciendo banquetes para cualquier ocasión especial.

Tony Orozco jugando *baseball* en la liga Andrés Mora con Los Tigres